よく出る順で

ホントにわかる 英検® 4級

新興出版社 shinko publishing

はじめに

「はじめて英検を受けたい」「英語がニガテ」だけど「合格したい！」
そんなあなたのためにこの本をつくりました。

この本は，英語の基礎学習を“ひとつずつ　すこしずつ”できるようになっています。
英語が苦手な人も，初めて英検を受ける人も，
無理なく学習できて，自然に合格につながります。

この１冊をやりきって，英検合格を目指しましょう。

この本の使い方

このステップでホントにわかる！

はじめに　次に　仕上げに

よんでわかる

イラストと文章でまとめた解説ページをよんで内容をインプットしましょう。

といてわかる

よんだ範囲の問題をといてみましょう。わからない問題があったら前のページに戻ってOK。

ホントにわかる 確認のテスト

これまで学習した内容を確認することができます。

いっしょに「解き方動画」も視聴しよう！
わからないときや，くわしく教えてほしいときは無料の解き方動画を見ながら学習しましょう。
※動画の視聴方法は右ページで紹介します。

ポケットリスニングを使って，「といてわかる」「確認のテスト」の音声を聞くことができます。
リスニングの単元は，音声を聞きながら問題を解きましょう。

① App Store や Google Play で「ポケットリスニング」と検索し専用アプリ「ポケットリスニング」をインストールしてください。

②「ストア」内の「英検」を選択しお買い求めいただいた級をダウンロードすると音声を聞くことができます。

動画の視聴方法

対応 OS：iOS 12.0 以上（iPad，iPhone，iPod touch 対応）／ Android 6.0 以上

① App Store や Google Play で「スマレク ebook」と検索し，専用アプリ「スマレク ebook」をインストールしてください。

②「スマレク ebook」で専用のカメラを起動し，紙面にかざすと解き方動画が再生されます。

[AR カメラ] をタップしてカメラを起動します。　カメラを紙面にかざします。　解き方動画が再生されます。

※動画の視聴には別途通信料が必要となりますので，ご注意ください。

紙面の紹介

重要ポイントをわかりやすくまとめています。

左ページの内容を理解できたかチェックできます。

よんでわかる&といてわかる

※一部見開きになっていない場合があります。

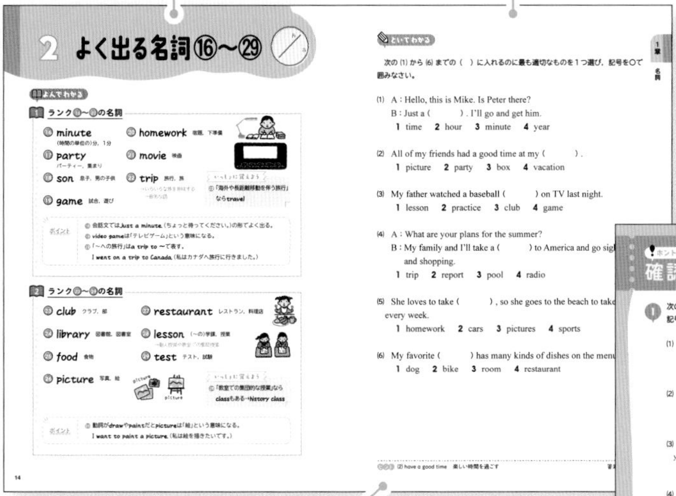

問題のポイントがのっています。

学んだ内容を復習できます

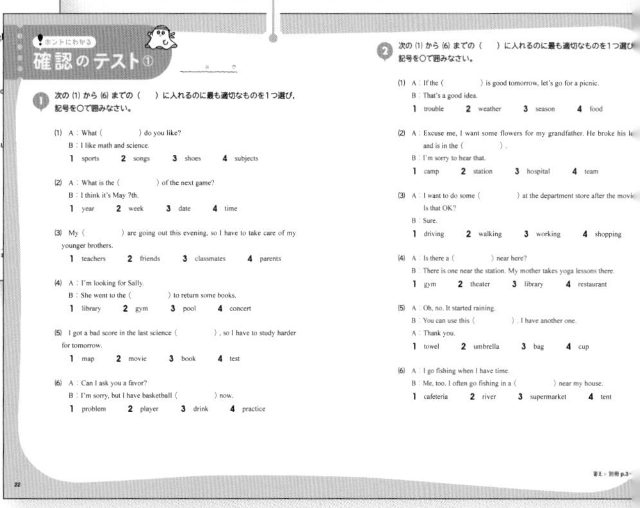

確認のテスト

よく出る単語・熟語や表現がサクッと復習できます。

別冊「直前チェックBOOK」

試験会場にも持っていきやすい別冊になっています。
取り外して使ってください。

もくじ

1章 名詞

1章 動詞

1章 形容詞・副詞・その他の品詞

1章 熟語

1章 文法

2章 会話表現

3章 長文

4章 リスニング

本文イラスト：平澤　南，ユニックス
すぎもと樹，Tom

英検®4級

受験のてびき

英検は，小学生から社会人まで幅広い層が受験する実用英語技能検定です。その資格が，高校・大学の入学試験などで優遇されたり，海外留学時の語学力証明に認定されたりしています。
これから，英検の申し込み方や試験の日程などをご紹介します。

試験日程と注意点

試験は年3回実施されます。

一次試験〈筆記試験〉

第1回／6月頃　**第2回／10月頃**　**第3回／1月頃**

受験の**申込締切は，一次試験のおよそ1か月前**です。
試験実施日は会場によって異なります。
試験会場は，全国に設置されています。自宅近くの会場や自分が通う学校，塾などで受験することができます。

✔試験にあたって

筆記試験（35分）の後に，リスニングテスト（約30分）が行われます。
受験の目安は「**中学中級程度**」で，試験では「簡単な英語を理解することができ，またそれを使って表現することができる」かどうかを審査します。
解答は「**マークシート**」方式です。
試験では，**HBの黒えんぴつ，または，シャープペンシルと消しゴム**が必要です。
サインペン・ボールペンなどは使用できません。

スピーキングテスト

一次試験の合否に関係なく，任意で受験することができます。
テストはインターネット上で受験します。

★本書では，スピーキングテストに関する扱いはございません。

申し込みから一次試験当日までの流れ

1 申し込み

個人での申し込みと団体での申し込みがあります。検定料を支払って申し込みます。
個人で申し込む場合は，以下の3つの方法があります。

インターネット申し込み　コンビニ申し込み　特約書店申し込み

2 一次受験票到着

受験票が届いたら，内容を確認しましょう。
特に，**受験時間と受験会場はまちがえないようにしっかり確かめましょう。**
家から受験会場までの行き方を調べておきましょう。

3 前日までの準備

試験会場に持っていくものを準備しておきましょう。

✔持ち物リスト

- □一次受験票
- □身分証明書
- □HBの黒えんぴつ，または，シャープペンシル
- □消しゴム
- □うわばき（受験票で必要かどうかを確認）
- □腕時計（携帯電話での代用不可）

4 一次試験当日

1. 着席時間前に会場に着くように，**早めに家を出ましょう。**
2. 会場に着いたら，受験する**教室に移動**します。
   着席時間以降は，原則，解散まで席を離れることができません。
3. 教室に入ったら，放送などの指示に従って，解答用紙に**必要事項を記入**します。
4. 試験開始の合図で筆記試験を始めます。

合否判定

一次試験の**リーディング，リスニングの合否のみ**で判定されます。
リーディング500点，リスニング500点の**合計1000点**で，**合格基準スコアは622点**です。

一次試験の内容

① 筆記試験〈35分〉

		形式・課題	問題数	解答形式
リーディング	問題1	[短文の語句空所補充] 文脈に合う適切な語句を補う。	15	4肢選択
	問題2	[会話文の文空所補充] 文脈に合う適切な文や語句を補う。	5	
	問題3	[日本文付き短文の語句整序] 日本文を読み，その意味に合うように与えられた語句を並べ替える。	5	
	問題4	[長文の内容一致選択] 4A　掲示・案内に関する内容に答える。 4B　Eメール(手紙)に関する内容に答える。 4C　説明文に関する内容に答える。	 2 3 5	

② リスニングテスト〈約30分〉

		形式・課題	放送回数	問題数	解答形式
リスニング	第1部	[会話の応答文選択] 会話の最後の発話に対する応答として最も適切なものを補う。	2	10	3肢選択 (選択肢は読み上げ)
	第2部	[会話の内容一致選択] 会話の内容に関する質問に答える。	2	10	4肢選択 (選択肢は印刷)
	第3部	[文の内容一致選択] 短い物語文や説明文の内容に関する質問に答える。	2	10	

主な場面・題材

場面・状況	家庭，学校，地域(各種店舗・公共施設を含む)，電話，アナウンスなど
話題	家族，友達，学校，趣味，旅行，買い物，スポーツ，映画，音楽，食事，天気，道案内，自己紹介，休日の予定，近況報告，海外の文化など

スピーキングテスト

級認定の合否とは関係なく任意で受けるテスト〈約4分〉

	形式・課題	問題数	解答形式
スピーキング	25語程度のパッセージ(文章)を読む。	1	録音型面接
	音読したパッセージについての質問に答える。	2	
	イラスト中の人物の行動や物の状況を描写する。	1	
	日常生活の身近な事柄についての質問に答える。 (カードのトピックに直接関連しない内容も含む)	1	

本書を使った学習のポイント

出題傾向を理解し，効率よく学習する

本書では，**過去の問題を徹底的に分析**した上で，**よく出る単語や熟語，文法**などの順に構成し，よく出題される場面・題材や問題のパターンを扱っています。本書で学習することで，出題傾向を理解しながら，**効率的に学習を進めることができます。**解けない問題がある場合は，**解き方動画を活用**しましょう。また，実際の試験の設問順に学習することができるので，必要な技能を自然に身につけることができます。

リーディング，リスニングとも対策を忘れずに

試験では，リーディングとリスニングの両方の技能が問われます。
どちらか一方だけではなく，両方ともしっかり対策することが必要です。

小冊子で試験直前まで確認できる

重要な単語，熟語，会話表現などをギュッとつめこんで，**覚えやすいようにまとめました。**試験会場にも持っていきやすい別冊になっています。

英検の詳しい内容については，以下のURLをご参照ください。
公益財団法人　日本英語検定協会　英検ウェブサイト：**https://www.eiken.or.jp**

英語の語順

英語がむずかしいと感じるのは，日本語と語順が違うからです。
英語の語順のパターンを覚えて，その順に単語を並べれば，英語は決してむずかしいことばではありません。

この基本にそって，次の4つの語順を覚えておきましょう。

※4級までで学習した,〈助動詞（can, will, must, may など）+動詞の原形〉や〈be動詞 + 動詞のing形〉，3級で学習する，〈be動詞 + 過去分詞〉，〈have[has]+過去分詞〉などは，セットで動詞の意味を表すと考えましょう。

① 主語 + 動詞

主語	動詞	日本語》
I 私は	walk. 歩く	私は歩きます。
The door そのドアは	was opened. 開けられた	そのドアは開けられました。

② 主語 + 動詞 + +α

主語	動詞	+α	日本語》
I 私は	play する	tennis. テニスを	私はテニスをします。
She 彼女は	is studying 勉強している	English. 英語を	彼女は英語を勉強しています。
I 私は	can speak 話すことができる	English. 英語を	私は英語を話すことができます。
I 私は	am ＝	Yumi. ユミ	私はユミです。
He 彼は	looks 見える	happy. うれしい	彼はうれしそうに見えます。

「+α」の中にも決まった語順があります。

③ 主語 + 動詞 + +α

主語	動詞	+α 人に	+α ものを	日本語 》
My parents 私の両親は	gave くれた	me 私に	a present. プレゼントを	私の両親は私にプレゼントをくれました。
He 彼は	showed 見せた	us 私たちに	a map. 地図を	彼は私たちに地図を見せてくれました。

④ 主語 + 動詞 + +α

主語	動詞	+α Aを	+α Bと[Bに]	日本語 》
We 私たちは	call 呼ぶ	the cat そのネコを	Miki. ミキと	私たちはそのネコをミキと呼びます。
The news そのニュースは	made した	us 私たちを	happy. 幸せに	そのニュースは私たちを幸せな気持ちにしました。

AとBは「=(イコール)」の関係です。the cat=Miki，us=happy

場所や時を言いたいときは，ふつう，いちばん後ろに置きます。

I 私は	eat 食べる	lunch 昼食を	in my room. 私の部屋で	私は私の部屋で昼食を食べます。

1 よく出る名詞①～⑮

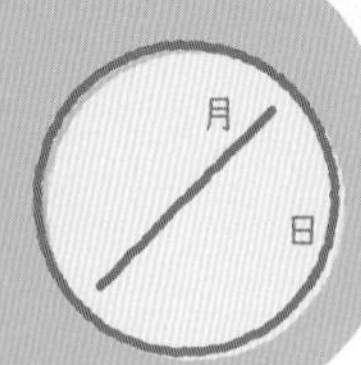

よんでわかる

1 ランク①～⑦の名詞

① **one** もの，1，1つ[人]
→「1番目の，最初の」はfirst

② **subject** 科目，教科

③ **year** 年，1年

④ **date** 日付，年月日

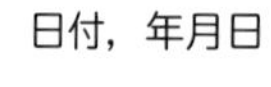

⑤ **park** 公園

⑥ **class** 学級，クラス(のみんな)

⑦ **grandmother** 祖母，おばあさん

いっしょに覚えよう

⑥「教室」を表すならclassroom
→in the classroom

⑦「祖父，おじいさん」なら
grandfather

❶「もの」と訳される形が多い。I like this cup better than that one.
(私はこのカップの方があれ(＝あのカップ)より好きです。)

❺ 前置詞のinやatと合わせて使われることが多い。
→We usually play in the park.(私たちはたいてい公園で遊びます。)

2 ランク⑧～⑮の名詞

⑧ **tomorrow** あした

⑨ **Japan** 日本

⑩ **weekend** 週末

⑪ **yesterday** きのう

⑫ **month** (暦上の)月，1か月(間)

⑬ **parent** 親，《複数形で》両親

⑭ **hour** 1時間，60分間
→「1時間」はan hour

⑮ **people** 人々，世間

ポイント

❽ 前置詞はつかない。
I'll take my son to the new restaurant tomorrow.
(私は明日，新しいレストランへ息子を連れて行く予定です。)

次の (1) から (6) までの（　）に入れるのに最も適切なものを１つ選び，記号を○で囲みなさい。

(1) I like this bag better than that (　　　　).
1 it　**2** bag　**3** one　**4** thing

(2) The rain stopped in the morning, so my brother and I played in the (　　　　).
1 library　**2** park　**3** restaurant　**4** school

(3) My friends are going to go swimming (　　　　).
1 tomorrow　**2** hour　**3** yesterday　**4** last

(4) Sushi is a traditional meal in (　　　　).
1 Australia　**2** China　**3** Mexico　**4** Japan

(5) We visit our grandparents every (　　　　).
1 yesterday　**2** month　**3** world　**4** country

(6) The weather was nice (　　　　), so I went to the new amusement park.
1 yesterday　**2** tomorrow　**3** tonight　**4** morning

ヒント (4) traditional　伝統的な

答え▶別冊 p.2

2 よく出る名詞⑯～㉙

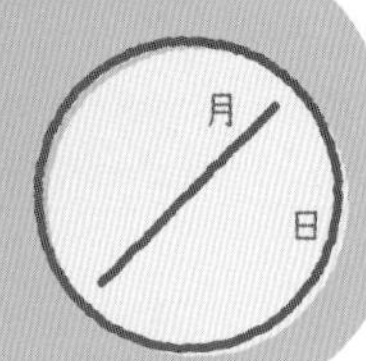

よんでわかる

1 ランク⑯～㉒の名詞

⑯ **minute** (時間の単位の)分，1分

⑰ **party** パーティー，集まり

⑱ **son** 息子，男の子供

⑲ **game** 試合，遊び

⑳ **homework** 宿題，下準備

㉑ **movie** 映画

㉒ **trip** 旅行，旅
→いろいろな旅を意味する一般的な語

いっしょに覚えよう
㉒「海外や長距離移動を伴う旅行」ならtravel

ポイント

⑯ 会話文ではJust a minute.（ちょっと待ってください。）の形でよく出る。
⑲ video gameは「テレビゲーム」という意味になる。
㉒「～への旅行」はa trip to ～で表す。
I went on a trip to Canada.（私はカナダへ旅行に行きました。）

2 ランク㉓～㉙の名詞

㉓ **club** クラブ，部

㉔ **library** 図書館，図書室

㉕ **food** 食物

㉖ **picture** 写真，絵

㉗ **restaurant** レストラン，料理店

㉘ **lesson** (～の)学課，授業
→個人授業や教室での集団授業

㉙ **test** テスト，試験

いっしょに覚えよう
㉘「教室での集団的な授業」ならclassもある→history class

ポイント

㉖ 動詞がdrawやpaintだとpictureは「絵」という意味になる。
I want to paint a picture.（私は絵を描きたいです。）

次の (1) から (6) までの（　）に入れるのに最も適切なものを１つ選び，記号を○で囲みなさい。

(1) A：Hello, this is Mike. Is Peter there?
B：Just a (　　　　). I'll go and get him.
1 time　**2** hour　**3** minute　**4** year

(2) All of my friends had a good time at my (　　　　).
1 picture　**2** party　**3** box　**4** vacation

(3) My father watched a baseball (　　　　) on TV last night.
1 lesson　**2** practice　**3** club　**4** game

(4) A：What are your plans for the summer?
B：My family and I'll take a (　　　　) to America and go sightseeing and shopping.
1 trip　**2** report　**3** pool　**4** radio

(5) She loves to take (　　　　), so she goes to the beach to take some every week.
1 homework　**2** cars　**3** pictures　**4** sports

(6) My favorite (　　　　) has many kinds of dishes on the menu.
1 dog　**2** bike　**3** room　**4** restaurant

ヒント (2) have a good time　楽しい時間を過ごす

答え ▶ 別冊 p.2

3 よく出る名詞㉚～㊸

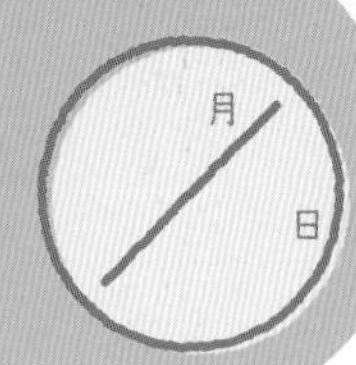

よんでわかる

1 ランク㉚～㊱の名詞

㉚ **store** 店，商店
→いろいろな種類の品物を売る店

㉛ **flower** 花，草花

㉜ **concert**
音楽会，演奏会

㉝ **practice**
練習，訓練

㉞ **drink** 飲み物

㉟ **ticket**
切符，券

㊱ **computer**
コンピュータ

いっしょに覚えよう
㉚「特定の品を売る専門店」なら
shop→coffee shop

ポイント
㉟ 枚数や値段などの数字と合わせて出ることが多い。
I have two tickets for the soccer game.
（私はそのサッカーの試合のチケットを2枚持っています。）

2 ランク㊲～㊸の名詞

㊲ **fun**
楽しみ，おもしろさ

㊳ **station**
駅，停車場

㊴ **child** 子供，児童
→複数形はchildren

㊵ **grandfather**
祖父，おじいさん

㊶ **kind** （～の）種類

㊷ **train** 列車，電車

㊸ **weather** 天気，天候

いっしょに覚えよう
㊳「停留所」ならstop
→at the next stop

ポイント
㊳ 1点の場所に対して用いる前置詞のatが付くことが多い。
My friend arrived at the station.（私の友達は駅に到着しました。）
㊴ 複数形で用いられていることが多い。
How many children do you have?（あなたは何人の子供がいますか。）
㊶ What kind of ～?という種類を尋ねる疑問文が多い。
What kind of music do you like?（あなたは何の種類の音楽が好きですか。）
㊸ 天気を尋ねる形で出ることが多い。
How is the weather in your city?（あなたの都市では天気はどうですか。）

次の (1) から (6) までの（　）に入れるのに最も適切なものを１つ選び，記号を○で囲みなさい。

(1) A：Did you have a nice weekend?
B：Yes. I went to a (　　　) and had fun.
1 concert　**2** book　**3** door　**4** train

(2) I was able to get two (　　　) to the soccer game this weekend.
1 subjects　**2** flowers　**3** tickets　**4** meals

(3) When he arrives at the office, the first thing he does is turning on his (　　　).
1 dream　**2** computer　**3** sky　**4** art

(4) A：What time will you arrive at the (　　　)? I'll pick you up.
B：I'll arrive there at nine.
1 paper　**2** uniform　**3** animal　**4** station

(5) I like to go to the zoo because I can see many (　　　) of animals.
1 parts　**2** kinds　**3** members　**4** sizes

(6) A：Taro, where will you get off the (　　　) today?
B：I will get off at the next stop.
1 center　**2** festival　**3** train　**4** bank

ヒント (2) be able to ～　～できる　(3) turn on ～　～（テレビなど）をつける，スイッチを入れる
(4) pick ～ up　（車などで）～を迎えに行く　(6) get off ～　～（乗り物）から降りる

答え▶別冊 p.2

4 よく出る名詞㊹～㊻

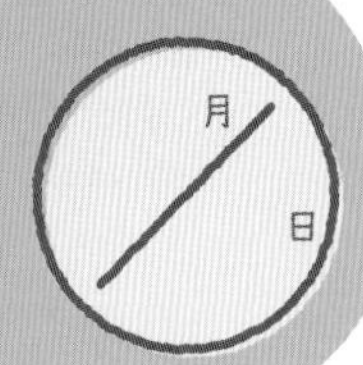

よんでわかる

1 ランク㊹～㊾の名詞

㊹ **phone** 電話

㊺ **place** 場所，所

㊻ **hospital** 病院

㊼ **idea** 考え，アイディア

㊽ **member** （集団の）メンバー

㊾ **shopping** 買い物

いっしょに覚えよう

㊾ 名詞shopは「店」を意味する。

ポイント

㊹「電話で話す」はtalk on the phoneで表す。
My sister is talking on the phone.（私の妹は電話で話しています。）
㊽ a member of～ の形で使われるが多い。
He is a member of the judo club.（彼は柔道部のメンバーです。）

2 ランク㊿～㊻の名詞

㊿ **cafeteria** カフェテリア，カフェ

51 **hobby** 趣味，道楽

52 **present** 現在

53 **e-mail** 電子メール

54 **gym** 体育館，ジム

55 **umbrella** 傘，雨傘

56 **bookstore** 本屋，書店

いっしょに覚えよう

52「贈り物」の意味もある。副詞としての「現在，今」はnowを用いる。

ポイント

53 動詞のsendやwriteなどと合わせて出ることが多い。
I will send e-mail to my friend.（私は友達へ電子メールを送るでしょう。）

次の (1) から (6) までの（　）に入れるのに最も適切なものを１つ選び，記号を○で囲みなさい。

(1) Mari talks with her grandparents on the (　　　) every day.
1 home　**2** world　**3** way　**4** phone

(2) My hometown has a lot of beautiful (　　　) to see.
1 answers　**2** seasons　**3** places　**4** songs

(3) A：I need to talk with George. Where is he now?
B：I have no (　　　).
1 friend　**2** idea　**3** person　**4** life

(4) My brother is a (　　　) of the baseball club at school, so he can play baseball very well.
1 member　**2** gift　**3** time　**4** arm

(5) Yumi went to the (　　　) to eat lunch with her friends and had a good time there.
1 barbershop　**2** holiday　**3** cafeteria　**4** shower

(6) A：What is your (　　　), Kevin?
B：It is playing the piano. I play it every day.
1 hobby　**2** music　**3** present　**4** address

ヒント (2) a lot of ～　たくさんの～

答え ▶ 別冊 **p.2～3**

5 よく出る名詞㊴～⑲

よんでわかる

1 ランク57～62の名詞

57 **daughter**
娘，女の子

58 **newspaper**
新聞

59 **textbook**
教科書

60 **dictionary**
辞書，辞典

61 **dish** （大）皿，盛り皿
→複数形はdishes

62 **grandparent**
祖父，祖母

いっしょに覚えよう

57 「息子」ならson
61 dishは「料理」の意味もある。
→many kinds of dishes

ポイント

60 動詞の**need**や**use**などと合わせて出ることが多い。
I need a dictionary to do my homework.
（私は宿題をするのに辞書が必要です。）

62 複数形で用いられることが多い。
I visited my grandparents.（私は祖父母を訪ねました。）

2 ランク63～69の名詞

63 **museum** 博物館，美術館

64 **part** 部分，（～の）一部分

65 **report** 報告（書），レポート

66 **river** （大きな）川

67 **story** （架空の）話，物語

68 **team** （競技などの）チーム

69 **uniform** 制服

いっしょに覚えよう

67 「スピーチ，演説」ならspeech

ポイント

65 動詞の**do**や**write**などと合わせて出ることが多い。
When will you do your report?（あなたはいつレポートを作成しますか。）

次の (1) から (6) までの（　）に入れるのに最も適切なものを１つ選び，記号を○で囲みなさい。

(1) I usually use a (　　　) when I study French.

1 dictionary　**2** history　**3** bat　**4** culture

(2) A：Bob, stop playing a video game and wash the (　　　).

B：OK, Mom. I'm coming.

1 caps　**2** dishes　**3** letters　**4** movies

(3) Music is (　　　) of my life because I love it so much, and listen to it all day.

1 example　**2** everything　**3** hope　**4** part

(4) My son has to write a (　　　) for science class during summer vacation.

1 report　**2** story　**3** umbrella　**4** road

(5) A：What is your favorite book?

B：I'm fond of this one because the (　　　) is very interesting to me.

1 bed　**2** ruler　**3** story　**4** test

(6) I ordered new (　　　) for the new school year.

1 subject　**2** doctor　**3** uniform　**4** time

ヒント (5) be fond of ～　～が好きである

答え▶別冊 p.3

ホントにわかる
確認のテスト①

月　　日

1 次の (1) から (6) までの（　　）に入れるのに最も適切なものを1つ選び，記号を○で囲みなさい。

(1) A：What（　　　　）do you like?
B：I like math and science.
1 sports　**2** songs　**3** shoes　**4** subjects

(2) A：What is the（　　　　）of the next game?
B：I think it's May 7th.
1 year　**2** week　**3** date　**4** time

(3) My（　　　　）are going out this evening, so I have to take care of my younger brothers.
1 teachers　**2** friends　**3** classmates　**4** parents

(4) A：I'm looking for Sally.
B：She went to the（　　　　）to return some books.
1 library　**2** gym　**3** pool　**4** concert

(5) I got a bad score in the last science（　　　　）, so I have to study harder for tomorrow.
1 map　**2** movie　**3** book　**4** test

(6) A：Can I ask you a favor?
B：I'm sorry, but I have basketball（　　　　）now.
1 problem　**2** player　**3** drink　**4** practice

2 次の (1) から (6) までの（　　）に入れるのに最も適切なものを1つ選び，記号を○で囲みなさい。

(1) A：If the (　　　　　) is good tomorrow, let's go for a picnic.
B：That's a good idea.
1 trouble　**2** weather　**3** season　**4** food

(2) A：Excuse me, I want some flowers for my grandfather. He broke his leg and is in the (　　　　　).
B：I'm sorry to hear that.
1 camp　**2** station　**3** hospital　**4** team

(3) A：I want to do some (　　　　　) at the department store after the movie. Is that OK?
B：Sure.
1 driving　**2** walking　**3** working　**4** shopping

(4) A：Is there a (　　　　　) near here?
B：There is one near the station. My mother takes yoga lessons there.
1 gym　**2** theater　**3** library　**4** restaurant

(5) A：Oh, no. It started raining.
B：You can use this (　　　　　). I have another one.
A：Thank you.
1 towel　**2** umbrella　**3** bag　**4** cup

(6) A：I go fishing when I have time.
B：Me, too. I often go fishing in a (　　　　　) near my house.
1 cafeteria　**2** river　**3** supermarket　**4** tent

答え ▶ 別冊 p.3～4

もっとよく出る！

4級の名詞

ランク70～90の名詞

70 **vacation** 休暇，休み，休日

71 **wall** 壁，塀

72 **doughnut** ドーナツ

73 **festival** 祭り，祝祭

74 **hotel** ホテル，旅館

75 **picnic** ピクニック

76 **plane** 飛行機

77 **poster** ポスター

78 **salad** サラダ

79 **vegetable** 野菜

80 **farm** 農場，農園

81 **garden** 庭

82 **horse** 馬

83 **sale** 販売，取り引き

84 **speech** 演説，スピーチ

85 **world** 世界，地球

86 **group** (人・物の)集団，グループ

87 **information** 情報，ニュース

88 **match** 試合，勝負

89 **mountain** 山

90 **pool** プール，水たまり

ランク91～110の名詞

91 **question** 質問，試験問題

92 **season** 季節

93 **sky** 空，大空

94 **town** 町

95 **event** (大切な)出来事

96 **holiday** 休日，祝日

97 **job** 職，仕事

98 **letter** 手紙

99 **money** 金，金銭

100 **shoe** 靴

101 **uncle** おじ

102 **way** 方法，やり方

いっしょに覚えよう

時間帯を表す言葉

morning 朝

noon 正午

afternoon 午後

evening 夕方

night 夜

midnight 真夜中

学校

elementary school 小学校

junior high school 中学校

high school 高校

university / college 大学

universityは総合大学のことを言うよ

103 window 窓，窓ガラス

104 zoo 動物園

105 bedroom 寝室

106 bike 自転車

107 contest コンテスト，競技会

108 rock 岩

109 shower シャワー

110 star 星

ランク111～130の名詞

111 supermarket スーパーマーケット

112 answer 答え，返答

113 beach 海辺，浜

114 classroom 教室

115 color 色，色彩

116 country 国，国家

117 future 将来，未来

118 kitchen 台所，キッチン

119 magazine 雑誌

120 office 事務所，会社

121 problem 問題，課題

122 size 大きさ，規模

123 word 単語，語

124 cloud 雲

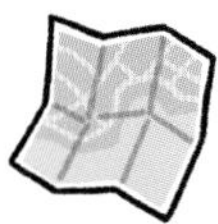

125 history 歴史

126 lake 湖

127 map 地図

128 seat 座席，シート

129 airport 飛行場

130 love 愛

ランク131～150の名詞

131 radio ラジオ

132 singer 歌手

133 volunteer ボランティア

134 writer 作家

135 dream 夢

136 end 終わり

137 husband 夫

138 paper 紙，新聞

139 snack 軽食

140 street 通り

141 wife 妻

142 apartment アパート

143 corner 角

144 dolphin イルカ

145 floor 床

146 language 言葉，言語

147 meeting 会議

148 classmate 同級生

149 doctor 医者

150 program プログラム

6 よく出る動詞①～⑬

よんでわかる

1 ランク①～⑦の動詞

① **go** 行く，進む
→過去形はwent

② **have** 食べる，～を持っている
→三人称単数形はhas，過去形はhad

③ **get** ～を得る，手に入れる
→過去形はgot

④ **want**
～が欲しい，～を望む

⑤ **take** ～を(手に)取る，～をする
→過去形はtook

⑥ **like** ～が好きである

⑦ **come**
(話し手の所へ)来る
→過去形はcame

いっしょに覚えよう

❷ **have**は「～を経験する」の意味もある。→**have a good time**

❸ **get**は「～（の状態）になる」の意味もある。

ポイント

❷ 会話文では**I have an (no) idea.**（私には考えがあります（ありません）。）が出ることが多い。

❸ **get to ～**（～に着く）の形が多い。**How do you get to school?**（あなたはどのように学校に行きますか。）

❻ **like ～ing, like to ～** の形で使われる。**I like swimming.**（私は泳ぐことが好きです。）

2 ランク⑧～⑬の動詞

⑧ **see** ～が見える
→過去形はsaw

⑨ **say** ～を言う
→過去形はsaid

⑩ **buy**
～を買う，購入する
→過去形はbought

⑪ **eat** 〈食べ物を〉食べる
→過去形はate

⑫ **give** ～を与える，あげる
→過去形はgave

⑬ **play**
～をプレーする，競技する

いっしょに覚えよう

❽ **see**は「～に会う」の意味もある。
→**see my grandmother**

⓬ 「～をもらう，受け取る」なら
receive→**receive a present**

⓭ **play**は「～を演奏する」の意味もある。→**play the piano**

ポイント

⓬ 〈**give**＋人＋物〉の形で使われる。
I'm going to give him a watch.（私は彼に時計をあげるつもりです。）

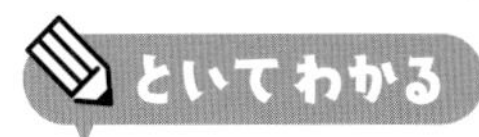

次の (1) から (7) までの (　) に入れるのに最も適切なものを１つ選び，記号を○で囲みなさい。

(1) A : What are you going to do tomorrow?
B : I'm going to (　　　) swimming with my friends tomorrow.
1 eat　**2** say　**3** take　**4** go

(2) My family and I (　　　) beef stew for dinner last night.
1 knew　**2** had　**3** told　**4** stopped

(3) We can (　　　) information quickly by using the Internet.
1 think　**2** get　**3** come　**4** speak

(4) I (　　　) to be a singer in the future because I like singing.
1 become　**2** want　**3** find　**4** start

(5) My grandfather (　　　) walks in the park in his free time.
1 teaches　**2** drives　**3** understands　**4** takes

(6) I (　　　) to travel abroad because I can visit many different places.
1 help　**2** like　**3** wait　**4** build

(7) A : Did you have a good time with your friends, Linda?
B : Yes. We (　　　) volleyball in the gym.
1 played　**2** asked　**3** woke　**4** lived

ヒント (4) in the future　将来

答え ▶ 別冊 **p.4**

7 よく出る動詞⑭〜㉖

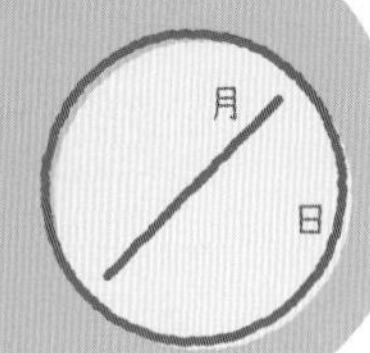

よんでわかる

1 ランク⑭〜⑳の動詞

⑭ **look** 見る，目を向ける

⑮ **watch** 〜を見る，注意して見る

⑯ **visit** 〜を訪問する，訪ねる

⑰ **bring** 〜を持ってくる
→過去形はbrought

⑱ **study** （〜を）勉強する
→過去形はstudied

⑲ **write** 〈文字などを〉書く
→過去形はwrote

⑳ **ask** 〜を尋ねる，問う

いっしょに覚えよう

⑭ lookは「見える」の意味もある。
→look like a dog

⑰ 「〜を持っていく，連れていく」なら
take

ポイント

⑭ look for 〜 の形が多い。I was looking for you.（私はあなたを探していました。）

⑯ visitの後は前置詞を付けない。
I visited many museums.（私はたくさんの博物館を訪れました。）

⑰ 〈bring＋人 物〉の形で使われる。
He brings me presents.（彼は私にプレゼントを持ってきてくれます。）

2 ランク㉑〜㉖の動詞

㉑ **talk** 話す，しゃべる

㉒ **meet** 〈人に〉会う
→過去形はmet

㉓ **find** 〜を見つける
→過去形はfound

㉔ **stay** とどまる，居残る

㉕ **need** 〜を必要とする

㉖ **read** 〈本などを〉読む
→過去形はread

いっしょに覚えよう

㉑ 「改まって話をする，ある言語を話す」なら
speak→speak English

ポイント

㉑ talk about 〜 の形が多い。They talked about the sports festival.
（彼らは運動会について話しました。）

次の (1) から (6) までの（　）に入れるのに最も適切なものを１つ選び，記号を○で囲みなさい。

(1) My mother was (　　　) at a box when I went into the kitchen.

1 buying　**2** looking　**3** reading　**4** making

(2) My brother was (　　　) TV when I came home yesterday.

1 joinning　**2** riding　**3** watching　**4** hearing

(3) A : Steven, let's play soccer together after school!
B : Sorry, I can't. I have to (　　　) for tomorrow's test.

1 love　**2** carry　**3** study　**4** use

(4) I am going to (　　　) some questions in my English lesson next week.

1 draw　**2** slow　**3** visit　**4** ask

(5) The teacher (　　　) about the sports festival in the class.

1 moved　**2** brought　**3** sent　**4** talked

(6) I asked my friends to help me to (　　　) my camera because I lost it yesterday.

1 meet　**2** lose　**3** find　**4** clean

ヒント (3) after school　放課後　have to ～　～しなければならない
(6) ask A to ～　Aに～するように頼む

答え ▶ 別冊 **p.4**

8 よく出る動詞㉗〜㊳

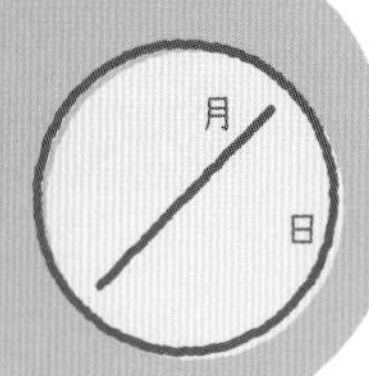

よんでわかる

1 ランク㉗〜㉜の動詞

㉗ **thank** 〜に感謝する，礼を言う

㉘ **speak** 話す，しゃべる

㉙ **start** 始まる，起こる

㉚ **think** 〜と思う，考える

㉛ **enjoy** 〜を楽しむ

㉜ **love** 愛する

いっしょに覚えよう

㉘ **speak**は単に言葉を発するという意味で，話し相手がいる会話の場合は**talk**を使う。

ポイント

㉚ think of 〜の形で使われる。What do you think of my new glasses?
（あなたは私の新しい眼鏡についてどう思いますか。）

㉛ enjoy 〜ingの形で出ることが多い。I enjoyed eating Japanese food.
（私は日本食を食べることを楽しみました。）

㉜ love 〜ing, love to 〜の形で使われる。My brother loves to take pictures.
（私の兄は写真を撮ることが大好きです。）

2 ランク㉝〜㊳の動詞

㉝ **call** 〜を呼ぶ，叫ぶ
→「電話をする」という意味もある。

㉞ **learn** 〜を学ぶ，習う

㉟ **ride** 〜に乗る

㊱ **tell** 話す，言う

㊲ **know** 〜を知っている，分かっている

㊳ **leave** 〜を去る，〜を出発する

ポイント

㊱〈tell＋人＋物〉の形で使われる。
Can you tell me your name?（私にあなたの名前を教えてくれませんか。）

次の (1) から (6) までの (　) に入れるのに最も適切なものを１つ選び，記号を○で囲みなさい。

(1) Dave can (　　　　) two languages, Chinese and English.
1 work　**2** tell　**3** speak　**4** take

(2) The soccer practice (　　　　) at 8:00 a.m. last Sunday.
1 played　**2** took　**3** did　**4** started

(3) I (　　　　) talking with my friends at school.
1 want　**2** enjoy　**3** read　**4** need

(4) My sister (　　　　) the piano every Saturday.
1 makes　**2** learns　**3** starts　**4** has

(5) A man wants to (　　　　) the way to the airport.
1 know　**2** like　**3** help　**4** come

(6) Mike (　　　　) the party at 7:00 p.m. yesterday.
1 lost　**2** left　**3** slept　**4** felt

ヒント (5) the way to the airport　空港への道

答え ▶ 別冊 **p.4〜5**

ホントにわかる

確認のテスト②

月　　日

1 次の (1) から (6) までの（　　）に入れるのに最も適切なものを1つ選び，記号を○で囲みなさい。

(1) A：Hello, Mike. I'm lost.
B：Well, what can you (　　　　) from there?
A：There is a small park.
1 play　**2** see　**3** hear　**4** watch

(2) The teacher (　　　　) hello to his students, opened the textbook, and started class.
1 stopped　**2** said　**3** used　**4** waited

(3) A：You look great in that dress. Is it new?
B：Yes, I (　　　　) it at a department store last week.
1 sold　**2** took　**3** bought　**4** played

(4) A：I'm not hungry. I (　　　　) too much for lunch.
B：Well, how about going for a walk before supper?
1 went　**2** ate　**3** did　**4** called

(5) A：Don't (　　　　) the dog chocolate. Chocolate is not good for dogs.
B：Oh, sorry. I didn't know that.
1 tell　**2** draw　**3** want　**4** give

(6) I want to (　　　　) my cousin in Spain this summer. She is now studying Spanish there.
1 go　**2** send　**3** run　**4** visit

2 次の (1) から (6) までの（　　）に入れるのに最も適切なものを1つ選び，記号を○で囲みなさい。

(1) A：We'll have a barbecue tomorrow. Can you come?
B：Thank you. Can I（　　　　　）my sister, too?
A：Of course.
1 spend　**2** send　**3** bring　**4** receive

(2) A：Please（　　　　　）your name and address there.
B：Here?
A：Yes, in these boxes.
1 paint　**2** sing　**3** write　**4** think

(3) A：I（　　　　　）John at the bus stop this morning.
B：Oh, did you? How was he?
1 met　**2** opened　**3** made　**4** had

(4) A：It's already noon. I have to leave.
B：Can you（　　　　　）a little longer? Can we have lunch together?
1 lead　**2** stay　**3** show　**4** make

(5) A：There are five chairs in this room. We（　　　　　）three more.
B：OK. I'll get them from the next room.
1 look　**2** show　**3** need　**4** worry

(6) A：Lisa, what are you（　　　　　）?
B：A book about scientists. It's very interesting.
1 listening　**2** washing　**3** reading　**4** cooking

答え▶別冊 p.5

もっとよく出る！

4級の動詞

ランク39～59の動詞

39 **rain** 雨が降る

40 **walk** 歩く，散歩する

41 **work** 働く，労働する

42 **put** ～を(ある場所に)置く

43 **hear** (自然に)聞こえる，聞く

44 **catch** ～をつかまえる，つかむ

45 **finish** ～を終える，終了する

46 **send** ～を送る

47 **swim** 泳ぐ，水泳する

48 **try** ～を試みる，～に挑戦する

49 **feel** 感じる，気持ちがする

50 **forget** ～を忘れる

51 **wear** ～着ている，身につけている

52 **open** ～をあける，開く

53 **begin** 始まる

54 **lose** 紛失する，なくす

55 **sing** (歌を)歌う

56 **sleep** 眠る，寝ている

57 **stop** ～をやめる，中止する

58 **drive** ～を運転する

59 **become** ～になる

ランク60～79の動詞

60 **climb** ～に登る，登山する

61 **show** ～を見せる，示す

62 **travel** 旅行する

63 **wash** ～を洗う，洗濯する

64 **close** ～を閉める，閉じる

65 **draw** (線や図形を)描く

66 **listen** (注意して)聞く

67 **arrive** 着く，到着する

68 **run** 走る

いっしょに覚えよう

コミュニケーションに関する動詞

wait ～を待つ，期待する

hope ～することを期待する，望む

excuse 許す，言い訳をする

join 参加する，加わる

teach ～を教える

invite ～に招待する，招く

order ～を注文する

sell ～を売る
→ ～を買うはbuy

receive ～を受け取る

hopeは実現する可能性が高い希望，wishはほとんどかなわない希望のときに使うよ

69 **sit** 座る，席に着く

70 **worry** 心配する，悩む

71 **check**
～を点検する，調べる

72 **dance**
踊る，ダンスをする

73 **excite**
～を興奮させる，
わくわくさせる

74 **snow** 雪が降る

75 **paint** ～にペンキを塗る

76 **stand** 立っている

77 **break** ～を壊す，折る

78 **fall** 落ちる，落下する

79 **borrow** ～を借りる

ランク80～99の動詞

80 **cut** ～を切る
→ 過去形はcut

81 **move**
～を動かす，引っ越す

82 **grow** 成長する

83 **hurry** 急ぐ

84 **miss**
～をはずす，乗り遅れる

85 **remember**
～を覚えている，思い出す

86 **understand**
～を理解する

87 **wake** 目が覚める

88 **change**
～を変える，～を変更する

89 **drop** (突然)落ちる

90 **pick** ～を選ぶ，摘み取る

91 **carry**
～を運ぶ，持っていく

92 **win** 勝つ

93 **attack** ～を攻撃する

94 **keep** ～に保つ

95 **choose** ～を選ぶ

96 **fry** ～を油で揚げる

97 **happen** 起こる

98 **hit** ～を打つ
→ 過去形はhit

99 **jump** 跳ぶ

ランク100～119の名詞

100 **smile** ほほ笑む

101 **bake** ～を焼く

102 **believe** 信じる

103 **build** 建てる

104 **decide** 決心する

105 **explain** ～を説明する

106 **laugh** 笑う

107 **perform**
演じる，演奏する

108 **relax**
～をリラックスさせる

109 **share** 共有する

110 **throw** ～を投げる

111 **touch** 触る

112 **spend**
(お金を)使う，
(時間を)費やす

113 **steal** 盗む

114 **introduce**
～に紹介する

115 **celebrate** ～を祝う

116 **collect** ～を集める

117 **cover** ～を覆う

118 **die** 死ぬ

119 **invent** ～を発明する

9 よく出る形容詞①～⑫

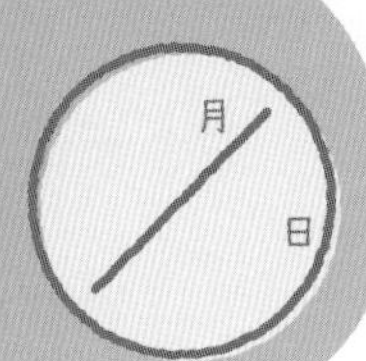

よんでわかる

1 ランク①～⑥の形容詞

① **every** どの～もみな，あらゆる
→everyの後は単数形の名詞

② **good** よい，すぐれた
→比較級はbetter，最上級はbest

③ **last** 最後の，最終の

④ **many** たくさんの，多くの
→比較級はmore，最上級はmost

⑤ **next** （時間が）次の，今度の

⑥ **free** 自由な

数えられる名詞は many

数えられない名詞は much

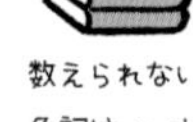

ポイント

④ How many ～？の形が多い。How many students are in your school?
（あなたの学校には何人の生徒がいますか。）

2 ランク⑦～⑫の形容詞

⑦ **first** 第1の，1番目の

⑧ **more** （数が）もっとたくさんの

⑨ **happy** 幸せな，うれしい

⑩ **any** いくらかの，なんらかの

⑪ **favorite** いちばん好きな，お気に入りの

⑫ **late** 遅れた，遅刻した

いっしょに覚えよう

⑨「悲しい」ならsad
感情を表す表現は覚えておこう。

ポイント

⑧ more and more ～ の形が多い。My classes are getting more and more difficult.（私の授業はだんだん難しくなっています。）

⑪ What is your favorite ～？の形で使われることが多い。
What is your favorite subject?（あなたのお気に入りの科目は何ですか。）

⑫ be late for ～ で，「～に遅れる」。
I'll be late for school.（私は学校に遅れそうです。）

次の (1) から (6) までの（　）に入れるのに最も適切なものを１つ選び，記号を○で囲みなさい。

(1) My mother is always busy, but she cooks our meals (　　　) day.

1 every　**2** next　**3** last　**4** many

(2) Jack and I became (　　　) friends at his birthday party yesterday.

1 careful　**2** good　**3** heavy　**4** quiet

(3) My father came back home early (　　　) night, so we watched a drama together.

1 new　**2** last　**3** favorite　**4** happy

(4) I have (　　　) things to do, so it will be a hard day today.

1 healthy　**2** useful　**3** young　**4** many

(5) A : What is your (　　　) subject?
B : I like history because it is interesting for me.

1 favorite　**2** top　**3** soft　**4** long

(6) I left home early because I didn't want to be (　　　) for the piano concert.

1 old　**2** beautiful　**3** warm　**4** late

ヒント (4) have things to do　すべきことがある

答え ▶ 別冊 p.5～6

10 よく出る形容詞⑬～㉔

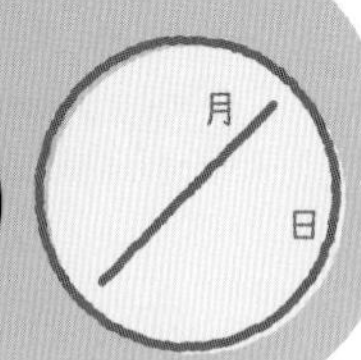

よんでわかる

1 ランク⑬～⑱の形容詞

⑬ **English** 英語の
→名詞としては「英語」

⑭ **great** 偉大な，すぐれた

⑮ **special** 特別な，特殊な

⑯ **Japanese** 日本の，日本人の

⑰ **beautiful** 美しい，きれいな

⑱ **ready** 準備ができて（いる）

ポイント
⑱ **be ready to(for) ～** の形が多い。
Are you ready to go?（あなたは行く用意ができていますか。）

2 ランク⑲～㉔の形容詞

⑲ **busy** 忙しい

⑳ **each** それぞれの，各自の

㉑ **old** 古い

㉒ **different** 違った，異なる

㉓ **difficult** 難しい，困難な

㉔ **tired** 疲れた

いっしょに覚えよう
㉒「同じ」なら**same**
前に**the**をつけることが多い。
㉓くだけた表現の「困難な」なら
hard

ポイント
⑳ **each other**の形が多い。**My friend and I write letters to each other.**
（私の友達と私はお互いに手紙を書きます。）
㉓ **too difficult**の形で使われることが多い。**This homework is too difficult.**
（この宿題はあまりにも難しすぎます。）
㉔ **get tired**の形で使われることが多い。**I got very tired in the race.**
（私はレースでとても疲れました。）

次の (1) から (6) までの（　）に入れるのに最も適切なものを１つ選び，記号を○で囲みなさい。

(1) Mariko studied very hard at the university, and she became an （　　　） teacher.

1 English　**2** rainy　**3** high　**4** sick

(2) The garden is （　　　） because it is full of flowers.

1 fast　**2** hungry　**3** strange　**4** beautiful

(3) A：We will be late for school. Let' go.
B：Wait a minute! I'm not （　　　） yet.

1 ready　**2** big　**3** busy　**4** clear

(4) A：Tom, are you （　　　） this weekend?
B：Yes. I have to go to some lessons.

1 poor　**2** short　**3** busy　**4** nice

(5) Mike travels to a （　　　） country every year.

1 difficult　**2** slow　**3** heavy　**4** different

(6) John was very （　　　）, so he went home early yesterday.

1 tired　**2** famous　**3** long　**4** careful

ヒント (2) be full of ～　～でいっぱいである

答え ▶ 別冊 p.6

11 よく出る副詞①～⑬

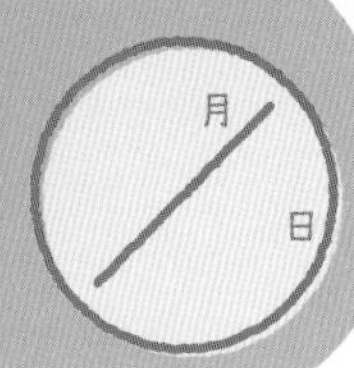

よんでわかる

1 ランク①～⑦の副詞

① **sure** もちろん，確かに

② **so** そんなに，それほど，非常に

③ **all** 全く，すっかり

④ **p.m.** 午後
→時刻を表す数字を後につづける

a. m.　p. m.

⑤ **now** 今，現在(は)

⑥ **much** とても

⑦ **well** 上手に，うまく

いっしょに覚えよう

② veryとほぼ同じ意味で使うことも多い。

④ ふつうの会話で「午後に」というときはin the afternoon (evening)

ポイント

① 会話文でSure.（もちろん。）がよく使われる。

② 接続詞として使われることも多い。I can't swim, so I want to take lessons.（私は泳げません，だからレッスンを受けたいです。）

③ all over the worldの形が多い。
He is famous all over the world.（彼は世界中で有名です。）

⑥ How much ～？の形が多い。How much is this book?（この本はいくらですか。）

2 ランク⑧～⑬の副詞

⑧ **a.m.** 午前
→時刻を表す数字を後につづける

⑨ **here** ここに[で，へ]

⑩ **o'clock** （ちょうど）～時

⑪ **really** 本当に，実際に

⑫ **back** 後ろへ[に]

⑬ **long** 長く

いっしょに覚えよう

⑧ ふつうの会話で「午前に」というときはin the morning

ポイント

⑫ 動詞のgoやcomeなどと合わせて使われる。She must go back to her hometown.（彼女は故郷へ戻らなければなりません。）

⑬ How long ～？の形が多い。How long will you stay in Japan?
（あなたは日本にどのくらい滞在するつもりですか。）

次の (1) から (6) までの（　）に入れるのに最も適切なものを１つ選び，記号を○で囲みなさい。

(1) A：Can you help me with my math homework, Dad?
B：(　　　　). I'll help you after dinner.
1 Please　**2** Maybe　**3** Sure　**4** Sorry

(2) A：How was the food in that Japanese restaurant?
B：It was (　　　　) good. I liked it!
1 so　**2** ago　**3** hard　**4** no

(3) A：What are you doing (　　　　)?
B：I am drawing a picture of flowers.
1 soon　**2** now　**3** well　**4** yet

(4) I don't like speaking English very (　　　　) because it is difficult.
1 more　**2** much　**3** most　**4** anymore

(5) Satomi practiced tennis hard, so she did it (　　　　) in the match.
1 together　**2** ago　**3** once　**4** well

(6) A：How (　　　　) will you stay at your grandparents' house?
B：For a week.
1 often　**2** long　**3** fast　**4** much

ヒント (5) match　試合

答え▶別冊 p.6

12 よく出るその他の品詞

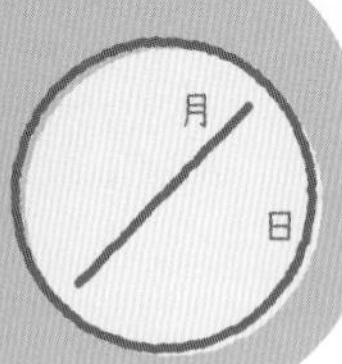

よんでわかる

1 ランク①～⑦のその他の品詞

① **to**
前《方向・到達点》～へ，～に

② **at** 前《場所》～に，～で

③ **in**
前《位置・場所》～の中に[で]

④ **and** 接～と…，そして

⑤ **for**
前～のために，～を求めて

⑥ **will** 助～だろう
→その場でなされた決心で「～だろう，～するつもりだ」

⑦ **on** 前～の上に[の，で]

いっしょに覚えよう

② atは「《時間》～に」の意味もある。→at 6 a.m.

③ inは「《期間》～のうちに」の意味もある。→in the morning

⑥ 前もってなされた決心で「～するつもりだ」ならbe going to ～
→be going to go swimming

ポイント

① 動詞のgoやtake，getなどと合わせて使われる。
I got to the theater.（私は映画館に着きました。）

④ ～，and …の形で使われる。First, she will do her homework, and then she will watch TV.（まず，彼女は宿題をして，そしてそれからテレビを見るでしょう。）

⑦ 曜日や乗り物，テレビなどの前につける前置詞として使われることが多い。
I fell asleep on the train.（私は電車で眠り込んでしまいました。）

2 ランク⑧～⑬のその他の品詞

⑧ **can**
助～することができる

⑨ **of**
前《所有・所属》～の，～に属する

⑩ **from**
前《場所》～から，《時間》～から

⑪ **with** 前～といっしょに，～と共に

⑫ **but**
接しかし，～だが

⑬ **about**
前～について(の)，～に関する

いっしょに覚えよう

⑧「(状況的に実際に)～できる，～する能力がある」なら
be able to～ →be able to see that sign

ポイント

⑨ a lot of～ の形でよく使われる。You have a lot of posters on the wall.
（あなたは壁にたくさんのポスターを張っています。）

次の (1) から (6) までの（　）に入れるのに最も適切なものを１つ選び，記号を〇で囲みなさい。

(1) Mary traveled (　　　　) Mexico last summer, but this summer she will stay at home.

1 from　**2** to　**3** of　**4** at

(2) A : Where were you this morning?
B : I was studying (　　　　) the library this morning.

1 in　**2** for　**3** on　**4** of

(3) My family and I often watch movies after shopping because the theater is (　　　　) the shopping mall.

1 on　**2** with　**3** in　**4** at

(4) I bought a big cake and a present (　　　　) my mother's birthday.

1 for　**2** near　**3** about　**4** as

(5) It (　　　　) be rainy this afternoon, so you should take an umbrella to school.

1 can't　**2** shall　**3** won't　**4** will

(6) This mountain is very exciting to me because there are many kinds (　　　　) birds here.

1 into　**2** of　**3** by　**4** under

ヒント (1) travel　旅行する
(6) exciting　わくわくさせる

答え ▶ 別冊 p.6～7

ホントにわかる

確認のテスト③

月　　日

1 次の (1) から (6) までの (　　) に入れるのに最も適切なものを1つ選び，記号を○で囲みなさい。

(1) A：Ben is my (　　　　) dog. John is my second.
B：Oh, how many dogs do you have?
1 fast　**2** left　**3** lost　**4** first

(2) A：We need (　　　　) drink.
B：OK. I'll go and get some.
1 many　**2** more　**3** few　**4** little

(3) A：Jane looks very (　　　　).
B：She got a cute dog for her birthday.
1 short　**2** sad　**3** happy　**4** sleepy

(4) A：She is a (　　　　) singer.
B：Yes, she is. I love her beautiful voice.
1 sad　**2** poor　**3** sunny　**4** great

(5) Alice is a (　　　　) friend of mine. I can tell her anything.
1 late　**2** hard　**3** special　**4** light

(6) A：Anne is very (　　　　) from her sister Lynne, isn't she?
B：Yes, Anne is very friendly, and Lynne is shy.
1 kind　**2** different　**3** easy　**4** same

2 次の (1) から (6) までの（　　）に入れるのに最も適切なものを**1**, **2**, **3**, **4**の中から1つ選びなさい。

(1) Japanese is (　　　　) for me because it has *kanji*, *hiragana* and *katakana*.

1 difficult　**2** careful　**3** big　**4** important

(2) A：What time do you usually get up?
B：I get up at about seven (　　　　).

1 time　**2** morning　**3** hour　**4** o'clock

(3) A：How do you like this ramen?
B：It is (　　　　) good. I love it.

1 almost　**2** usually　**3** already　**4** really

(4) A：Andy, look (　　　　) there. There's a large rainbow in the sky.
B：Yes, it's beautiful, isn't it?

1 down　**2** below　**3** into　**4** back

(5) I want to go to the movies (　　　　) my sister, but she is too busy.

1 with　**2** under　**3** by　**4** over

(6) A：Do you play any sports?
B：I play soccer. I like it, (　　　　) I'm not a good player.

1 or　**2** if　**3** when　**4** but

答え ▶ 別冊 **p.7**

もっとよく出る！

4級の形容詞・副詞・その他の品詞

ランク25～40の形容詞

25 **some** いくつかの，少しの

26 **famous** 有名な

27 **popular** 人気のある

28 **sorry** すまなく思って

29 **hungry** おなかがすいた

30 **interesting** 興味深い，おもしろい

31 **own** 自分自身の

32 **sad** 悲しい

33 **sick** 病気の，健康を害した

34 **sunny** 日の当たる

35 **fine** すばらしい，りっぱな

36 **full** (～で)いっぱいの

37 **high** (高さが)高い

38 **delicious** (とても)おいしい

39 **heavy** 重い

40 **careful** 慎重な，注意深い

ランク41～58の形容詞

41 **clean** 清潔な，きれいな

42 **easy** 簡単な，楽な

43 **early** 早い

44 **hard** 硬い，難しい

45 **same** (～と)同じ

46 **dark** 暗い

47 **useful** 役に立つ

48 **slow** 遅い

49 **wonderful** 素晴らしい

50 **angry** 怒って

51 **another** 他の，もう一つの

いっしょに覚えよう

代名詞

mine 私のもの

our 私たちの，我々の

something 何か，あるもの[こと]

anything (疑問文)何か，(否定文で)何も(～ない)

否定文ではanythingを使うよ。

接続詞

or ～かまたは…

because なぜならば～だから，～なので

than ～よりも，～に比べて

if もし～ならば

助動詞

could ～することができた

should ～すべきである

must ～しなければならない

would ～(してしまっている)だろう

may ～かもしれない

shall ～だろう，～でしょう

52 **bad** 悪い

53 **dry** 乾いた

54 **fast** 速い

55 **large** 大きい

56 **soft** 柔らかい

57 **tall** 高い

58 **warm** 暖かい

ランク14～30の副詞

14 **soon** すぐに，間もなく

15 **ago** （今から）～前に

16 **early** 早く，早めに

17 **just** ちょうど，まさに

18 **then** あのとき，そのとき

19 **again** 再び，もう一度

20 **often** しばしば，たびたび

21 **together** いっしょに

22 **tonight** 今夜(は)

23 **also** ～もまた，さらに

24 **always** いつも，常に

25 **down** 下方へ[に]

26 **fast** 速く，急速に

27 **up** 上の方へ

28 **away** (～から)離れて

29 **sometimes** 時々，時には

30 **later** もっと後で

ランク31～50の副詞

31 **maybe** もしかすると，たぶん

32 **twice** 2回，2度

33 **far** 遠くに

34 **off** 離れて

35 **slowly** ゆっくり

36 **already** すでに

37 **only** ただ～だけ

38 **out** 外へ

39 **pretty** とても，かなり
→「かわいい」という意味の形容詞もある。

40 **quickly** 速く

41 **coldly** 寒く

42 **freely** 自由に

43 **yet** まだ

44 **ahead** 前に

45 **anymore** これ以上(～しない)

46 **anytime** いつでも

47 **asleep** 眠って

48 **near** 近くに

49 **never** 絶対に～ない

50 **luckily** 幸運にも

ランク14～26の前置詞

14 **after** ～の後，～の次に

15 **by** ～によって，～で，～によって

16 **before** ～より前に[の]

17 **around** ～の周りに[を]

18 **into** ～の中へ[に]

19 **under** ～の下に[の]

20 **during** ～の間中，～の間ずっと

21 **over** ～の上に

22 **between** (2つ[人])の間に[の，で，を]

23 **as** ～として(の)

24 **against** ～に対する，～を相手に

25 **until** ～まで(ずっと)

26 **among** ～の中に[で]

13 よく出る熟語①～⑩

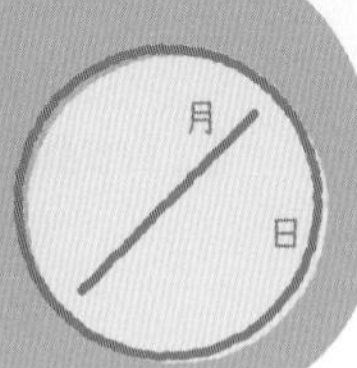

よんでわかる

1 ランク①～⑤の熟語

① **want to *do***
～したい

② **～, so (that) …**
～だ，その結果…だ

③ **there is [are] ～**
～がある，～がいる

④ **be going to *do***
～しようとするところだ，～するだろう

⑤ **have to *do***
～しなければならない

いっしょに覚えよう
❶ より丁寧な言い方は，would like to *do*
❺ 義務・命令の「～しなければならない」はmust

2 ランク⑥～⑩の熟語

⑥ **a lot of ～**
たくさんの～

⑦ **like to *do***
～するのが好きだ

⑧ **come to ～**
～に来る，～に達する

⑨ **in the morning**
午前中に

⑩ **～ year(s) old**
～歳

いっしょに覚えよう
❻ よりくだけた言い方は，lots of ～
❼ like doingとも言う
❾「午後に」はin the afternoon

次の (1) から (6) までの (　) に入れるのに最も適切なものを１つ選び，記号を○で囲みなさい。

(1) A：What do you (　　　　) to do on your vacation?
B：I'd like to go to the beach.
1 want　**2** watch　**3** play　**4** keep

(2) It's rainy, (　　　　) that we cannot go on a picnic.
1 so　**2** up　**3** also　**4** off

(3) I'm (　　　　) to visit an art museum this weekend.
1 doing　**2** being　**3** getting　**4** going

(4) A：What are you doing?
B：I'm doing my homework. I (　　　　) to do it by tomorrow.
1 forget　**2** have　**3** make　**4** come

(5) A：Your brother has a lot (　　　　) books.
B：Let's help him.
1 of　**2** for　**3** to　**4** in

(6) Julia likes (　　　　) play the piano.
1 at　**2** on　**3** as　**4** to

ヒント (4) by tomorrow　明日までに

答え ▶ 別冊 **p.7～8**

14 よく出る熟語⑪〜⑳

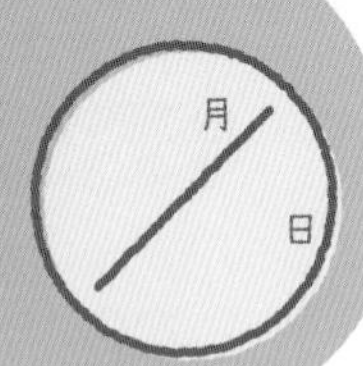

よんでわかる

1 ランク⑪〜⑮の熟語

⑪ **look at 〜**
〜を見る

⑫ **a kind of 〜**
〜のような

⑬ **at home**
在宅して，家庭で

⑭ **get to 〜**
〜に到着する

⑮ **after school**
放課後

いっしょに覚えよう

⑪「上[下]を見る」は
look up[down]
⑫「まあね，そんなところ」なら
（独立して）Kind of.

2 ランク⑯〜⑳の熟語

⑯ **like *doing***
〜することが好きである

⑰ **stay in[at] 〜**
〜に滞在する

⑱ **go home**
家に帰る

⑲ **look for 〜**
〜を探す

⑳ **need to *do***
〜する必要がある

いっしょに覚えよう

⑯ like to *do*とも言う。
⑳「〜する必要はない」は
don't need to *do*

次の (1) から (6) までの（　）に入れるのに最も適切なものを１つ選び，記号を○で囲みなさい。

(1) A：(　　　　) at that tall man. Do you know him?
B：Yes. He is Mr. White and a math teacher.
1 Hear　**2** Find　**3** Have　**4** Look

(2) A：What do you do for living?
B：I'm a (　　　　) of tutor.
1 place　**2** kind　**3** player　**4** group

(3) A：Could you tell me how to (　　　　) to Osaka Station?
B：Go straight this street and turn right.
1 visit　**2** get　**3** arrive　**4** move

(4) Brice practices judo (　　　　) school.
1 near　**2** from　**3** after　**4** into

(5) A：Where are you going to for a school trip?
B：Hokkaido. We're going to (　　　　) in a famous hotel.
1 travel　**2** join　**3** stay　**4** change

(6) A：What are you (　　　　) for?
B：I can't find my favorite book.
1 seeing　**2** looking　**3** showing　**4** collecting

ヒント (2) living　生計　　tutor　家庭教師

答え▶別冊 p.8

15 よく出る熟語㉑～㉚

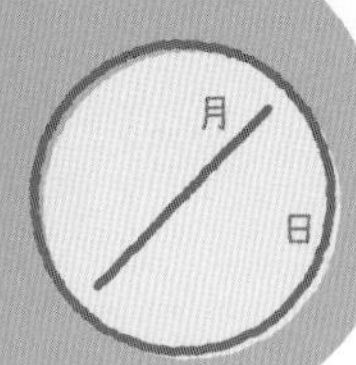

よんでわかる

1 ランク㉑～㉕の熟語

㉑ **go shopping**
買い物に行く

㉒ **thank A for ～**
Aに～を感謝する

㉓ **come back (to ～)**
(～に)戻る

㉔ **enjoy doing**
～することを楽しむ

㉕ **get home**
帰宅する

いっしょに覚えよう

㉒「(人）にお礼を言っておいてください」ならThank（人）for me.
Thank her for me.
「彼女にお礼を伝えてください」
ー I'll do that.「言っておくよ」

2 ランク㉖～㉚の熟語

㉖ **get up**
起きる，起床する

㉗ **listen to ～**
～を聞く，～に耳を傾ける

㉘ **on TV**
テレビで

㉙ **talk to ～**
～と話をする，～に話しかける

㉚ **be good at ～**
～が上手だ

いっしょに覚えよう

㉚「～があまりうまくない」なら
be not very[much] good at ～.
He is not very good at making things.「彼はものづくりがあまり上手でない」

といてわかる

次の (1) から (6) までの（　）に入れるのに最も適切なものを１つ選び，記号を○で囲みなさい。

(1) A：Do you want to (　　　　) shopping?
B：Sure.
1 visit　**2** arrive　**3** wait　**4** go

(2) A：Thank you (　　　　) a birthday present.
B：My pleasure.
1 for　**2** to　**3** at　**4** in

(3) A：Are you leaving now?
B：I'll come (　　　　) later.
1 once　**2** before　**3** back　**4** ago

(4) A：It is time to (　　　　) up, Ally.
B：I'm still sleepy and I can't get out of bed.
1 feel　**2** say　**3** get　**4** go

(5) Lily is (　　　　) to Korean pop music after she finished her homework.
1 doing　**2** writing　**3** calling　**4** listening

(6) Lucas is good (　　　　) playing tennis, so he wants to become a professional tennis player.
1 for　**2** as　**3** to　**4** at

1章 熟語

ヒント (4) It is time to ～　～する時がきた

答え▶別冊 p.8

16 よく出る熟語㉛～㊵

よんでわかる

1 ランク㉛～㉟の熟語

㉛ **come home**
家に帰る

㉜ **have lunch**
昼食を取る

㉝ **start *doing*[to *do*]**
～し始める

㉞ **a little**
少し

㉟ **help A with B**
AをBで手伝う

いっしょに覚えよう

㉝ 同じ意味に**begin**があるが，「会議が始まる」など本人が参加する場合はふつう**begin**が使われる。

㉟「(飲食物などを) 自分で取って食べる」なら **(Please) help oneself.**

2 ランク㊱～㊵の熟語

㊱ **in the future**
将来は、今後は

㊲ **love to *do***
～したい、～することが大好きだ

㊳ **think of ～**
～のことを考える，～しようかなと思う

㊴ **arrive in [at, on] ～**
～に到着する

㊵ ***do one's homework***
宿題をする

いっしょに覚えよう

㊱「過去に」は **in the past**

㊳「～について考える」は **think about ～**

次の (1) から (6) までの（　）に入れるのに最も適切なものを１つ選び，記号を○で囲みなさい。

(1) A：Where are you now? It's 9 p.m.
B：Sorry, I'll (　　　) home soon.
1 look　**2** catch　**3** come　**4** start

(2) A：I'm hungry. Let's (　　　) lunch!
B：Sure. How about Italian?
1 grow　**2** spend　**3** have　**4** break

(3) Sarah (　　　) studying in the morning and kept on studying at night.
1 started　**2** went　**3** watchad　**4** became

(4) A：I can (　　　) you with your homework.
B：Thank you.
1 break　**2** see　**3** help　**4** enjoy

(5) People will develop robots more in the (　　　).
1 stadium　**2** history　**3** desert　**4** future

(6) A：I'm (　　　) of studying abroad in Canada.
B：That's great! I'll support you.
1 doing　**2** thinking　**3** saying　**4** watching

ヒント (3) keep on ～ing　～し続ける
(6) study abroad　海外に留学する

答え ▶ 別冊 p.9

17 よく出る熟語㊶～㊿

よんでわかる

1 ランク㊶～㊺の熟語

㊶ **go back (to ～)**
(～に)戻る

㊷ **lots of ～**
たくさんの～

㊸ **one day**
ある日

㊹ **wait for ～**
～を待つ

㊺ **a member of ～**
～の一員，～のメンバー

いっしょに覚えよう
㊷ a lot of ～とも言う
㊹「ぶらぶらして待つ」なら
wait around
㊺ belong to ～でも「～の一員だ」
ということができる。
I belong to the baseball club.
「私は野球部員だ」

2 ランク㊻～㊿の熟語

㊻ **be late for ～**
～に遅れる

㊼ **for free**
無料で

㊽ **hope to *do***
～することを望む

㊾ **like ～ very much**
～をとても気に入る

㊿ **many kinds of ～**
たくさんの種類の～

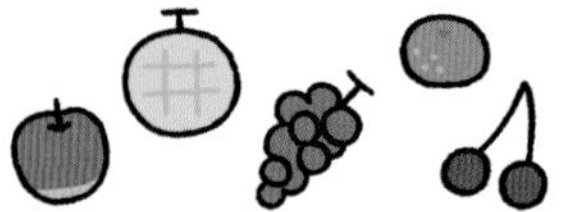

いっしょに覚えよう
㊻「(電車などが) 遅れている，
遅延している」なら
be delayed
㊼ freeやfree of charge
とも言う

次の (1) から (6) までの（　）に入れるのに最も適切なものを１つ選び，記号を〇で囲みなさい。

(1)（　　　）day, Oliver bought a gift for his friend when he went to downtown.

1 Next　**2** Before　**3** After　**4** One

(2) A：I'll be back soon.
B：Alright. I'll be（　　　）for you here.

1 speaking　**2** waiting　**3** catching　**4** spending

(3) A：This is Jack. He is a（　　　）of the soccer club.
B：Nice to meet you, Jack.

1 group　**2** family　**3** member　**4** village

(4) There were snacks and drink for（　　　）in the event.

1 kind　**2** full　**3** quick　**4** free

(5) A：How long will you go to driving school?
B：I（　　　）to get a driver's license by the end of the year.

1 hope　**2** ask　**3** pay　**4** answer

(6) A：This cup is for you. I hope you like it.
B：Thank you. I like it（　　　）much!

1 full　**2** away　**3** very　**4** around

ヒント (5) by the end of the year　年末までに

答え ▶ 別冊 p.9

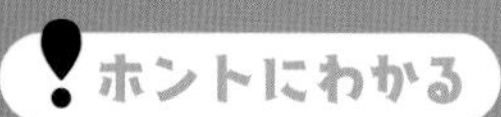

確認のテスト④

月　　日

1 次の文の（　　）内から適切な語を選び，〇で囲みましょう。ただし，１語とは限りません。

(1) There (am, is, are) a cat under the table.
ネコ

(2) My brother is ten years (big, many, old) .
弟，兄

(3) Kate did (she, her, hers) homework after dinner last night.
昨夜

(4) Ken has lots (for, of, in) books.

2 次の (1) から (3) までの（　　）に入れるのに最も適切なものを**1**，**2**，**3**，**4**の中から１つ選びなさい。

(1) Is your mother (　　　　) home?

1 to　　**2** of　　**3** on　　**4** at

(2) My sister likes (　　　　) the guitar.

1 play　　**2** playing　　**3** plays　　**4** played

(3) Don't (　　　　) to me now.

1 buy　　**2** want　　**3** talk　　**4** have

日本語を英語にしましょう。

(1) あなたはこの本を読む必要があります。

この本　this book

(2) 私たちはスキーをすることを楽しみました。

スキーをする　ski

(3) 彼女は少し疲れています。

疲れた　tired

(4) 彼はいつ駅に到着しましたか。

いつ　when　　駅　station

(5) あなたは学校に遅れたのですか。

学校　school

答え▶別冊 p.9～10

もっと よく出る！
4級の熟語

ランク51～70の熟語

51 **next to** （場所・位置が）～の隣の[に]

52 **say hello to ～** ～によろしくと言う

53 **speak to ～** ～に話しかける

54 **all over (～)** (～の)至る所に[で]

55 **for example** 例えば

56 **have a cold** 風邪をひいている

57 **have a good time** 楽しい時を過ごす

58 **more than ～** ～より多い

59 **one of ～** ～の一つは

60 **stop doing** ～するのをやめる

61 **walk to ～** ～へ歩いていく

62 **work at ～** ～で働く

63 **for the first time** 初めて

64 **give up ～**
～をあきらめる，～を捨てる[やめる]

65 **go on a picnic** ピクニックに行く

66 **hear about ～** ～について聞く

67 **in front of ～** ～の正面

68 **in the afternoon** 昼間に，午後に

69 **write back** 返事を書く

70 **a glass of ～** 一杯の～

ランク71～90の熟語

71 **as ～ as ...** …と同じくらい～

72 **ask ～ for help** ～に助けを求める

73 **in the evening** 夜に

いっしょに覚えよう

不定詞を使う動詞

forget to do
～するのを忘れる

learn to do
～できるようになる

be ready to do
～する準備ができている

be happy to do
喜んで～する

be able to do
～できる

try to do
～しようと試みる

その他の熟語

at once すぐに

because of ～
～の理由で

by the way ところで

74 **move to ～** ～へ引っ越す

75 **stay with ～** ～に滞在する

76 **take a trip** 旅行する

77 **after work** 仕事の後

78 **be interested in ～**
～に興味がある

79 **each other** お互い

80 **get off** (列車など)から降りる

81 **have fun** 楽しい時間を過ごす

82 **leave for ～** ～へ出発する

83 **more and more** ますます多くの

84 **out of ～** ～から外へ

85 **play catch** キャッチボールをする

86 **right now** たった今

87 **slow down** 速度を落とす

88 **take a bath** お風呂に入る

89 **take A for a walk** Aを散歩させる

90 **take a shower** シャワーを浴びる

ランク91～110の熟語

91 **wake up (～)**
目が覚める，(人)の目を覚まさせる

92 **work for ～** ～で働く

93 **again and again** 何度も何度も

94 **at first** 最初は

95 **B as well as A** AだけではなくBも

96 **be full of ～** ～でいっぱいである

97 **become friends with ～**
～と友達になる

98 **far away** 遠く離れて

99 **finish *doing*** ～し終える

100 **for a long time** 長い間

101 **from A to B** AからBまで

102 **go around [round]** 一周する

103 **look like ～** ～のように見える

104 **on sale** 販売されて

105 **on the phone** 電話中で

106 **over there** あそこに，向こうに

107 **say goodbye to ～**
～にさよならを言う

108 **sit down** 席に着く

109 **all day (long)** 一日中

110 **be away** 不在である

1章　文法

18 一般動詞の過去形

一般動詞の過去形には，語末に-edなどがつく規則動詞と，それ以外の変化（makeの過去形madeなど）をする不規則動詞があります。

よんでわかる

1 一般動詞の過去形とは？

規則動詞の文　**We played soccer yesterday.**（私たちは昨日サッカーをした。）

原形playの語末に-ed

・不規則動詞：原形から形の変わるもの　sing → sang など
　　　　　　　原形と同じ形のもの　cut → cut など

不規則動詞の文　**He sat on the chair.**（彼はいすに座った。）

原形はsit

2 一般動詞の過去形の文の形

疑問文　Did＋主語＋動詞の原形～？

Did you watch TV last night?
—Yes, I did. / No, I didn't.

否定文　did not [didn't] ＋動詞の原形

I did not [didn't] eat lunch yesterday.

現在形の疑問文や否定文でdoを用いた部分がdidになるんだね！

3 よく出る一般動詞の過去形

よく出る動詞の過去形を学びましょう。

行った→goの過去形	went
得る→getの過去形	got
話した→talkの過去形	talked
取った→takeの過去形	took
来た→comeの過去形	came

□内から適切な語を選び，____に書きましょう。

(1) I'm very sleepy now because I ____ a movie late last night.

(2) He ____ cookies with his sister Jill for their mother. It was her birthday yesterday.

(3) The train didn't come on time, so they ____ to the party late.

(4) A：Did you read any books during the summer vacation?
B：Yes. I ____ Greg's new novel.

(5) A：Did Bill sing at *karaoke* last Friday?
B：Yes, he did, but he ____ only one song.

(6) A：You were not happy last night, right?
B：No, I wasn't. I ____ on the wrong train and was late for the concert.

came	sang	got	watched	made	read

答え▶別冊 p.10

19 be動詞の過去形

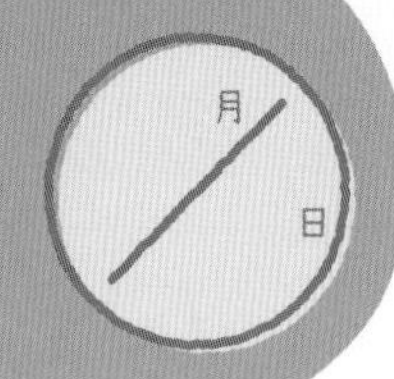

be動詞の現在形にはam，are，isの3種がありますが，過去形はwasとwereの2種のみで，amとisの過去形がwas，areの過去形がwereとなります。

よんでわかる

1 be動詞の過去形とは？

・be動詞は主語の数に応じて変わる！
・現在形と過去形の対応　am / is → was　are → were

be動詞の過去形の文

He was tired.

主語は単数

（彼は疲れていた。）

They were fifteen at that time.

主語はyouまたは複数

（当時彼女らは15歳だった。）

be動詞の過去形の文の形

疑問文

Was she a high school student?
—Yes, she was. / No, she was not [wasn't].
Were they at the station?
—Yes, they were. / No, they were not [weren't].

否定文

I was not [wasn't] a good swimmer.
We were not [weren't] hungry.

文の作り方は現在形のときと同じ！
amとisが同じwasになる点に注意！

2 出る順！　be動詞の過去形

よく出るbe動詞の過去形の文

・How was ～?（～はどうだった？）	How was the movie?
・There was [were] ～.（～があった。）	There were some books on the table.
・was [were] able to do（～ができた）	She was able to answer the question.
・was [were] in ～（～にいた，～にあった）	There were in the library then.
・was [were] angry（怒っていた）	He was angry to hear the news.

といてわかる

1 次の (1) から (3) までの（　）に入れるのに最も適切なものを**1**，**2**，**3**，**4**の中から1つ選びなさい。

(1) A：How (　　) the party last night?
B：It was fun.
1 be　**2** is　**3** was　**4** were

(2) A：(　　) you at the station yesterday?
B：Yes, I was.
1 Are　**2** Were　**3** Is　**4** Was

(3) A：(　　) there any water in the glass?
B：No, there wasn't.
1 Is　**2** Was　**3** Are　**4** Were

2 次の (1) から (3) までの日本語文の意味を表すように①から⑤までを並べかえて□の中に入れなさい。そして，2番目と4番目にくるものの最も適切な組み合わせを**1**，**2**，**3**，**4**の中から一つ選びなさい。※ただし，（　）の中では，文のはじめにくる語も小文字になっています。

(1) トムは速い走者でしたか。
(① runner　② was　③ a　④ fast　⑤ Tom)
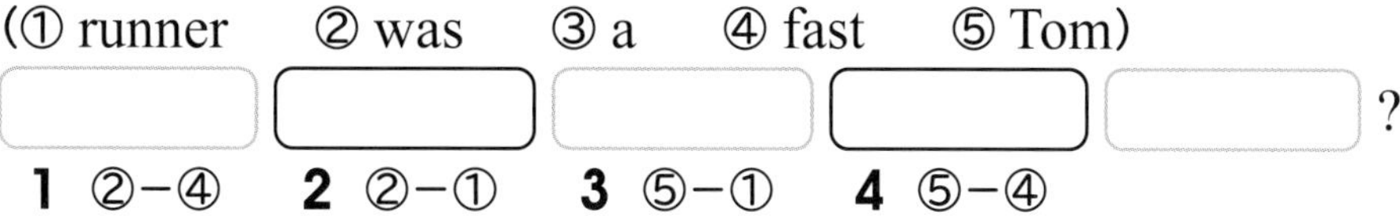
1 ②－④　**2** ②－①　**3** ⑤－①　**4** ⑤－④

(2) 私は昨夜，眠ることができなかった。
(① able　② sleep　③ to　④ last night　⑤ wasn't)
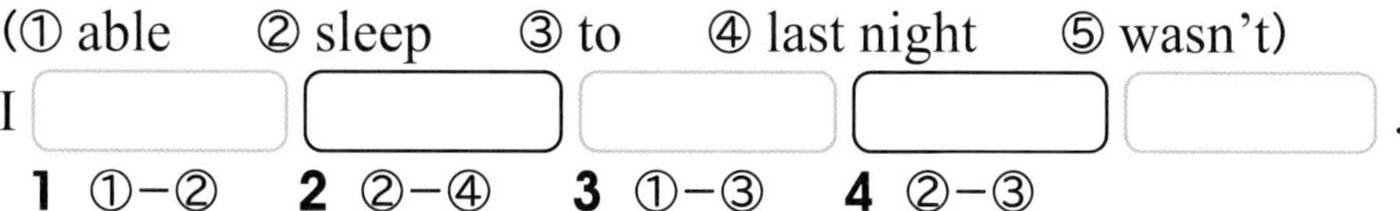
1 ①－②　**2** ②－④　**3** ①－③　**4** ②－③

(3) 昨日ケンと私は学校に遅刻した。
(① yesterday　② were　③ late　④ school　⑤ for)
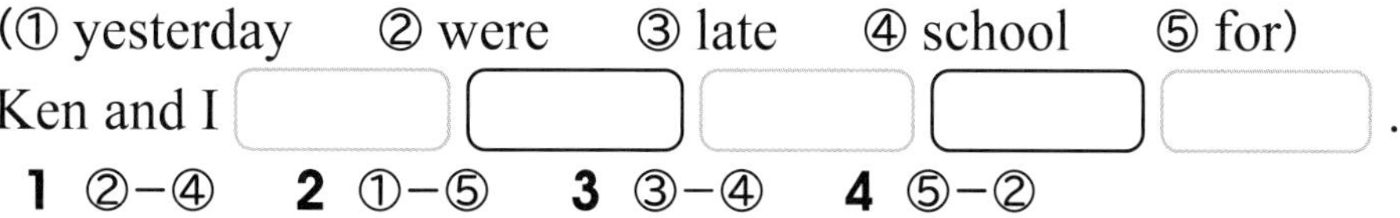
1 ②－④　**2** ①－⑤　**3** ③－④　**4** ⑤－②

答え▶別冊 p.10

20 不定詞①(名詞的用法, 副詞的用法)

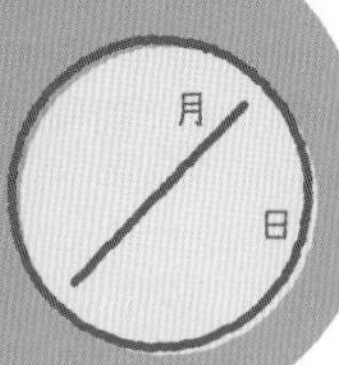

〈to＋動詞の原形〉で作られる不定詞は，大きく３つの使い方があります。ここでは「～すること」を意味する名詞的用法と,「～するために」,「(結果として) ～する」,「～したので」などを意味する副詞的用法を扱います。

よんでわかる

1 不定詞（名詞的用法，副詞的用法）とは？

・名詞的用法：「～すること」を意味する！
主語・意味を補う語・動詞の目的語になる！

名詞的用法の文　**To study hard is very important.**

To study hardが文の主語

（一生懸命に勉強することはとても大切だ。）

・副詞的用法：「～するために」,「(結果として) ～する」,「～したので」などを意味する！
目的・結果・原因などを表す！

副詞的用法の文　**He went to the store to buy a shirt.**

（彼はシャツを買いにその店に行った。）

to buy a shirtがwent to the storeの目的を表している

「～すること」「～するために」など，基本的な訳し方のパターンに慣れてしまおう！

✔その他の不定詞（名詞的用法，副詞的用法）の文の形

名詞的用法	副詞的用法
意味を補う語：My dream is to become a scientist.	結果：She lived to be one hundred.
動詞の目的語：It started to rain.	原因：I was surprised to learn the truth.

2 出る順！ 不定詞（名詞的用法，副詞的用法）

✔よく出る不定詞（名詞的用法，副詞的用法）の文

・want to do	(～したい)	I want to visit London someday.
・like to do	(～することが好きだ)	The boy likes to play soccer.
・go to ... to do	(～するために…へ行く)	They went to the river to catch some fish.
・be ready to do	(～する準備ができている)	I'm ready to go to school.
・be able to do	(～することができる)	She was able to play the violin.

次の (1) から (6) までの (　) に入れるのに最も適切なものを**1**，**2**，**3**，**4**の中から1つ選びなさい。

(1) Tomorrow is Ann's birthday, so I decided to (　　　　) some flowers for her.

1 buying　**2** bought　**3** buy　**4** buy to

(2) A：What is your hobby?
B：My hobby is to (　　　　) pictures.

1 to take　**2** take　**3** took　**4** takes

(3) To (　　　　) with him was difficult because he was too selfish.

1 working　**2** work　**3** worked　**4** works

(4) A：Why did you go to the park?
B：I went there to (　　　　) my dog.

1 walk　**2** walked　**3** walking　**4** walks

(5) In the book, the little girl grew up to (　　　　) a beautiful queen in the end.

1 was　**2** is　**3** be　**4** are

(6) A：Be sure (　　　　) send her an e-mail.
B：Okay, I'll tell her about next Saturday's party.

1 in　**2** on　**3** at　**4** to

ヒント (2) hobby　趣味
(3) selfish　自分勝手な

答え▶別冊 p.10～11

21 比較級

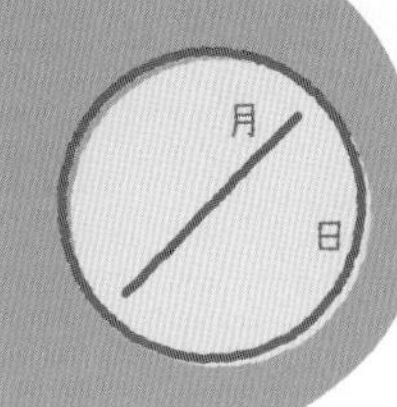

比較級は，2つのものを比べて「～より…だ」と言うときに使います。

よんでわかる

1 比較級とは？

・２つのものを比べる表現。形容詞（副詞）が比較級の形に変化する。
・比較級の作り方には，規則変化と不規則変化がある！
規則変化⇒形容詞〔副詞〕の語尾にerをつける。
　　　　　つづりの長い語なら前にmoreを入れる。
不規則変化⇒good・wellの比較級better，many・muchの比較級moreなどがある。

比較級の文　I am taller than my brother.
tallの比較級＋than　～より　（私は私の弟より背が高い。）

This flower is more beautiful than that one.
beautifulの比較級＋than（この花はあの花より美しい。）

・比較級を強めるには，muchを比較級の前に入れる。「～よりずっと…だ」

Your bag is much better than mine.
much＋goodの比較級＋than（あなたのカバンは私のよりずっと良い。）

2 出る順！　比較級

よく出る比較級

hard — harder　　good・well — better
early — earlier　　many・much — more
long — longer
useful — more useful
difficult — more difficult

〈子音＋y〉で終わる語はyをiに変えてerをつけるよ！

よく出る慣用表現

≪比較級＋and＋比較級≫
「ますます～，いっそう」
More and more people are traveling to Japan.
（ますます多くの人々が日本へ旅行している。）

次の (1) から (6) までの（　）に入れるのに最も適切なものを**1**，**2**，**3**，**4**の中から1つ選びなさい。

(1) A：Is this your pencil, Tom?
B：No. My pencil is (　　　) than that one.
1 long　**2** longer　**3** longest　**4** too long

(2) This movie is (　　　) than that one.
1 better　**2** good　**3** more　**4** well

(3) I get up earlier (　　　) my sister because I take a shower every morning.
1 and　**2** as　**3** or　**4** than

(4) This computer is (　　　) useful than my old one.
1 better　**2** more　**3** much　**4** very

(5) Today, it will rain much (　　　) than yesterday, so we should carry umbrellas.
1 hard　**2** harder　**3** hardest　**4** too hard

(6) A：How is your English class, Sam?
B：My English class is getting more (　　　) more difficult.
1 and　**2** but　**3** or　**4** than

答え▶別冊 p.11

22 注意する文型

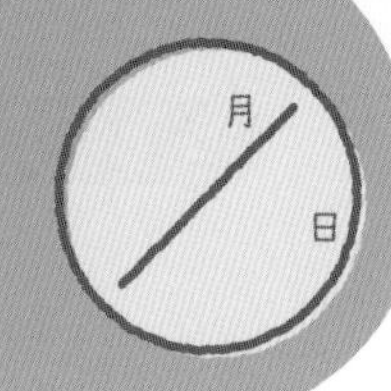

よんでわかる

1 〈look＋A〉「Aに見える」，SVOOの文

✔〈look＋形容詞〉の文の形

・≪主語＋look＋形容詞≫の形で「～に見える」という意味。

〈look＋形容詞〉の文　**You look happy.**（あなたは幸せそうに見える。）

look＋形容詞のhappy

✔SVOOの文の形

・≪主語(S)＋動詞(V)＋目的語(O_1)＋目的語(O_2)≫の形で「O_1にO_2を～する」という意味。O_1には人，O_2にはものがくることが多い。

・目的語の順番に注意！
⇒動詞のすぐ後ろに「…に」にあたる目的語，その後ろに「～を」にあたる目的語を入れる。

SVOOの文　**I will show you my watch.**

動詞のshow＋目的語（あなたに）＋目的語（私の時計を）（私はあなたに時計を見せるつもりだ。）

2 よく出る表現

✔よく出るlook＋形容詞の表現

・**look happy**　（幸せそうに見える）

・**look like ～**　（～のように見える）

⇒**You look like your mother.**
（あなたはあなたのお母さんのように見える。）

look likeのあとには
名詞がくるよ！

✔よく出るSVOOをとる動詞

・**show … ～**　（…に～を見せる）
・**tell … ～**　（…に～を教える）
・**give … ～**　（…に～を与える）
・**buy … ～**　（…に～を買う）
・**send … ～**　（…に～を送る）
・**bring … ～**　（…に～を持ってくる）

1 次の (1) から (4) までの（　）に入れるのに最も適切なものを**1**，**2**，**3**，**4**の中から1つ選びなさい。

(1) A：What's up? You（　　）happy.
B：I got a new video game for my birthday.
1 go　**2** look　**3** see　**4** watch

(2) A：Who is the girl in this picture? She really looks（　　）you!
B：She is my younger sister, Jane. Everybody thinks that we're twins.
1 at　**2** for　**3** like　**4** on

(3) We（　　）our son a special present every Christmas.
1 give　**2** like　**3** play　**4** want

(4) I（　　）my family and friends in Japan some postcards when I stayed in Australia.
1 sent　**2** said　**3** looked　**4** went

2 次の (1) (2) の日本語文の意味を表すように①から⑤までを並べかえて［　　］の中に入れなさい。そして，2番目と4番目にくるものの最も適切な組み合わせを**1, 2, 3, 4**の中から1つ選びなさい。※ただし,（　）の中では,文のはじめにくる語も小文字になっています。

(1) 彼女は私に彼女の犬を見せてくれた。
(① me　② her　③ she　④ dog　⑤ showed)
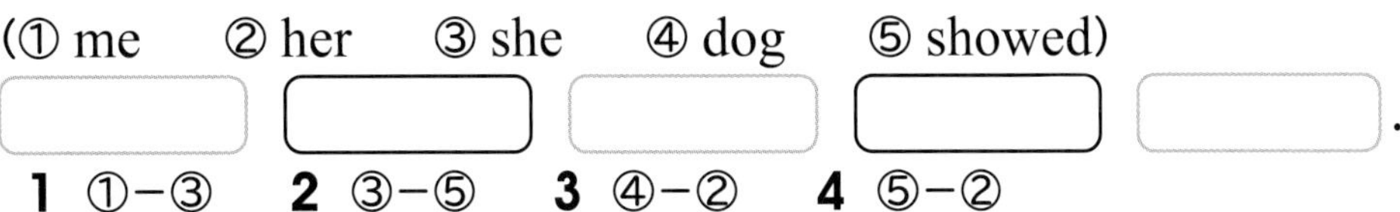
1 ①−③　**2** ③−⑤　**3** ④−②　**4** ⑤−②

(2) 私にあなたの名前を教えてくれませんか。
(① your　② you　③ name　④ tell　⑤ me)
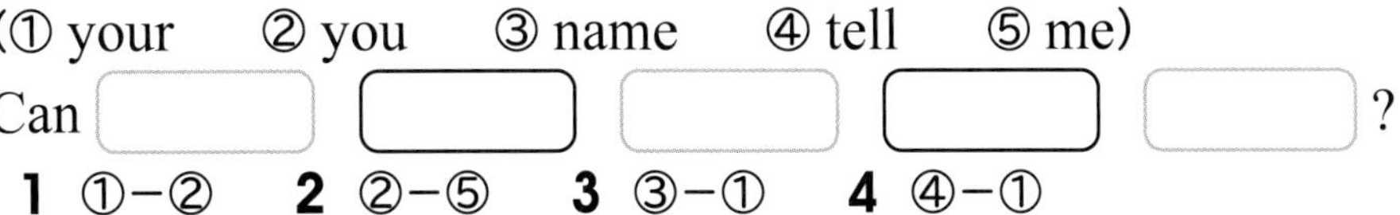
1 ①−②　**2** ②−⑤　**3** ③−①　**4** ④−①

答え ▶ 別冊 p.11

23 be going to ~, willの文

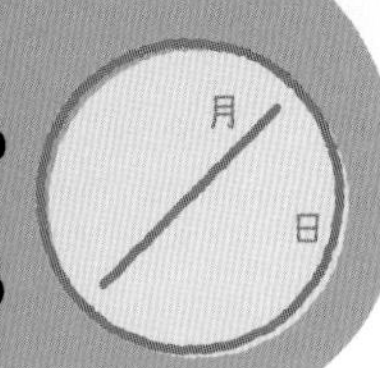

be going to ～，willの文は，未来について表します。例えば「今日の午後は野球をするつもりだ」や「明日雨が降るだろう」などといった，意志や単純な未来を表したりするときに使います。

よんでわかる

1 未来を表す２つの表現

✔be going to ～の文

・≪be going to＋動詞の原形≫の形で「～するつもりだ，～しそうだ」という意味。
・be動詞は主語・時制によって使い分ける！（be動詞には am/is/are/was/wereがある）

be going to ～の文

He is going to play baseball tomorrow.

be動詞＋going to＋動詞のplay（原形）　（彼は明日野球をするつもりだ。）

✔willの文

・≪will＋動詞の原形≫の形で「～だろう，～するつもりだ」という意味。

willの文

It will rain this afternoon.

will＋動詞のrain（原形）　（今日の午後は雨が降るだろう。）

2 疑問文と否定文の形

✔疑問文の形とその答え方

・**Is he going to play baseball?**
（※be動詞を主語の前におく）

－**Yes, he is. / No, he isn't.**

・**Will it rain this afternoon?**
（※willを主語の前におく）

－**Yes, it will. / No, it won't.**

✔否定文の形

・**He is not going to play baseball tomorrow.**
（※be動詞の後にnotを入れる）

・**It won't rain this afternoon.**
（※動詞の前にwill not（＝短縮形：won't）を入れる）

次の (1) から (6) までの (　) に入れるのに最も適切なものを**1**，**2**，**3**，**4**の中から1つ選びなさい。

(1) A：What are your plans for this weekend?
B：I am (　　　) to go swimming with my friends.
1 can　**2** going　**3** should　**4** will

(2) It will (　　　) this afternoon, so you should take your coat with you.
1 snow　**2** snowed　**3** snowing　**4** snows

(3) A：How long (　　　) you stay in Japan, Beth?
B：I'll stay in Japan for a month.
1 are　**2** do　**3** were　**4** will

(4) My friend and I are going (　　　) baseball next week.
1 play　**2** playing　**3** plays　**4** to play

(5) Judy (　　　) come to school tomorrow because she felt sick today.
1 aren't　**2** don't　**3** isn't　**4** won't

(6) It will rain next Monday, so we (　　　) going to play in the park.
1 aren't　**2** can't　**3** don't　**4** won't

答え▶別冊 p.11

24 「～しなければならない」の文

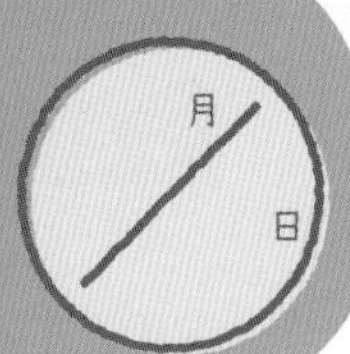

「～しなければならない」と言うときは助動詞must，またはhave toを使います。否定文ではhave toとmustの意味が異なるので注意しましょう。

よんでわかる

1 「～しなければならない」を表す２つの表現

✔mustの文の形

mustの文 **You must go to bed now.**（あなたは今すぐ寝なければならない。）
go：原形

否定文 **You must not go to bed now.**（あなたは今寝てはならない。）
go：原形

疑問文 **Must I go to bed now?**
（私は今すぐ寝なくてはなりませんか。）

must notの短縮形mustn'tを使ってもいいよ。

✔have toの文の形

過去の文なので，had！

have toの文 **Paul had to go to bed.**（ポールは寝なければならなかった。）
go：動詞の原形

否定文 **Paul didn't have to go to bed.**
go：原形　（ポールは寝る必要はなかった。）

過去の文なので，did！

疑問文 **Did Paul have to go to bed?**
（ポールは寝なくてはなりませんか。）

2 「～しなければならない」の文のまとめ

✔よく出る「～しなければならない」の文

・You must ～.	（あなたは～しなければならない。）	You must study hard.
・have to do ～	（～しなければならない）	She has to do her homework.
・have to go ～	（行かなければならない）	Jame had to go the City Hall.

1 次の (1) から (3) までの (　) に入れるのに最も適切なものを**1**, **2**, **3**, **4** の中から1つ選びなさい。

(1) You must (　　) the door after you use the laboratory.
1 lock　**2** locked　**3** locks　**4** locking

(2) You must (　　) quiet in the library, Sarah. Everyone is studying.
1 am　**2** are　**3** is　**4** be

(3) Misaki has to (　　) the dishes after dinner.
1 wash　**2** washed　**3** washes　**4** washing

2 次の (1) から (3) までの日本語文の意味を表すように①から⑤までを並べかえて□の中に入れなさい。そして，2番目と4番目にくるものの最も適切な組み合わせを**1**, **2**, **3**, **4**の中から一つ選びなさい。※ただし，(　) の中では，文のはじめにくる語も小文字になっています。

(1) 自転車で登校してはいけません。
(① not　② you　③ come　④ must　⑤ to)
□ □ □ □ □ school by bike.
1 ①−③　**2** ②−③　**3** ④−①　**4** ④−③

(2) 私たちの学校では，ふだんは制服を着る必要はありません。
(① wear　② to　③ don't　④ uniforms　⑤ have)
We usually □ □ □ □ □ at our school.
1 ②−①　**2** ③−①　**3** ⑤−①　**4** ①−⑤

(3) マイクはそこで30分間，コリンズ先生を待たなくてはならなかったのですか。
(① Mike　② did　③ to　④ wait　⑤ have)
□ □ □ □ □ there for Mr. Collins for 30 minutes?
1 ①−③　**2** ①−④　**3** ②−③　**4** ⑤−③

ヒント **2**(2) usually　ふだんは

答え ▶ 別冊 p.11～12

25 最上級

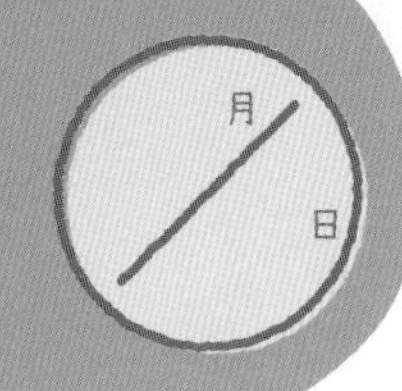

最上級は，3つ以上のものの中で「…の中で一番（=最も）～だ」と言うときに使います。

よんでわかる

1 最上級とは？

・3つ以上のものを比べる表現。形容詞（副詞）が最上級の形に変化する。
・最上級の作り方には，規則変化と不規則変化がある！
　規則変化⇒形容詞〔副詞〕の語尾にestをつける。
　　　　　　つづりの長い語なら前にmostを入れる。
　不規則変化⇒good・wellの最上級best，many・muchの最上級mostなどがある。
・「…の中で」は≪of+複数の内容を表す語≫や≪in+場所・範囲を表す語≫の形が使われる。

最上級の文　I am the tallest of the three.
the+tallの最上級+of　（私は3人の中で一番背が高い。）

She is the most careful student in the class.
the+carefulの最上級+in　（彼女はクラスの中で一番慎重な生徒だ。）

2 出る順！最上級

よく出る最上級

tall — tallest

big — biggest
（※語尾が短母音+子音字の場合，子音字を重ねてestをつける）

early — earliest
（※語尾が子音+yの場合，yをiに変えてestをつける）

long — longest

hard — hardest

interesting — most interesting

good・well — best

many・much — most

次の (1) から (6) までの（　）に入れるのに最も適切なものを**1**，**2**，**3**，**4**の中から1つ選びなさい。

(1) That building is the (　　　) in the city.
1 tall　**2** taller　**3** tallest　**4** very tall

(2) This book is the (　　　) interesting of the five.
1 best　**2** better　**3** more　**4** most

(3) A：What is your favorite season?
B：I like spring the (　　　).
1 best　**2** better　**3** good　**4** well

(4) Jim can run the fastest (　　　) my class.
1 at　**2** in　**3** of　**4** with

(5) A：Which bag is yours?
B：My bag is the biggest one (　　　) the three.
1 by　**2** from　**3** in　**4** of

(6) I can talk about everything with her because she is my (　　　) friend.
1 best　**2** hardest　**3** longest　**4** most

答え▶別冊 p.12

26 不定詞②(形容詞的用法)

to不定詞が,「～するための」や「～すべき」,「～するという」などを意味して直前の名詞を修飾するものを,不定詞の形容詞的用法と言います。

よんでわかる

1 不定詞(形容詞的用法)とは?

〈to＋動詞の原形〉で後ろから名詞を修飾する。

形容詞的用法の文

There were a lot of things to eat in the room.

a lot of thingsがto eatの目的語

(部屋には食べ物(＝食べるためのもの)がたくさんあった。)

✔不定詞(形容詞的用法)の文の形

直前の名詞が意味上の主語になるもの	直前の名詞を説明するもの
He was the first person to reach the top of the mountain. (彼はその山の頂上に初めて到達した人だった。)	**I made a decision to study abroad in the future.** (私は将来海外に留学することを決めた。)

「～するための」「～すべき」「～するという」などの意味を表し直前の名詞を修飾しているよ!

2 出る順! 不定詞(形容詞的用法)

✔よく出る不定詞(形容詞的用法)の文

・**a thing to do**	(すべきこと)	**I had a lot of things to do yesterday.**
・**a way to do**	(～のやり方)	**This is the best way to learn English.**
・**something to do**	(～するための何か)	**I want something cold to drink.**
・**time to do**	(～するための時間)	**It's time to start the lesson.**
・**a plan to do**	(～する計画)	**I have a plan to go abroad.**

1 次の (1) から (3) までの（　）に入れるのに最も適切なものを**1**，**2**，**3**，**4**の中から1つ選びなさい。

(1) Hey, wake up! It's already time (　　) go to school!

1 in　**2** by　**3** be　**4** to

(2) A：What will you do about this broken chair?

B：Well, I need to find someone to (　　) it.

1 repairs　**2** repair　**3** repairing　**4** repaired

(3) A：I want to buy this, and this, and this ....

B：Hey, choose just one thing. We don't have any money to (　　).

1 win　**2** enjoy　**3** waste　**4** take

2 次の (1) から (3) までの日本語文の意味を表すように①から⑤までを並べかえて□の中に入れなさい。そして，2番目と4番目にくるものの最も適切な組み合わせを**1**，**2**，**3**，**4**の中から一つ選びなさい。※ただし，（　）の中では，文のはじめにくる語も小文字になっています。

(1) 何か飲み物を持っていますか。

(① drink　② you　③ anything　④ to　⑤ have)

Do □ □ □ □ □ ?

1 ①−④　**2** ⑤−④　**3** ⑤−③　**4** ①−⑤

(2) 日本には見るべき美しい城がたくさんある。

(① a lot of　② see　③ castles　④ beautiful　⑤ to)

There are □ □ □ □ □ in Japan.

1 ③−④　**2** ③−⑤　**3** ④−⑤　**4** ④−②

(3) 私を手伝ってくれる人が必要だ。

(① someone　② help　③ need　④ to　⑤ me)

I □ □ □ □ □ .

1 ①−②　**2** ②−④　**3** ③−④　**4** ④−①

ヒント **1**(1) already　既に　(3) choose　選ぶ
2(2) castle　城

答え ▶ 別冊 p.12

27 There is ～., 命令形

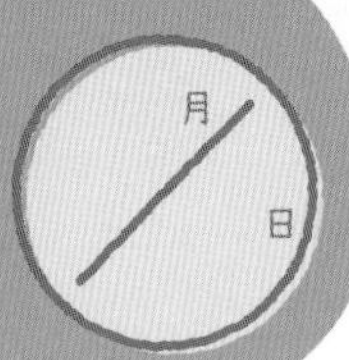

There is ～.は不特定のものについて，「～がある，いる」と言うときに使います。たとえば，「ボールが1個箱に入っています」と言うときに使います。命令形は主語を省略して，動詞の原形やDon' tなどで文を始めます。

1 There is ～.の文，命令形の使い方

・be動詞は主語(「～」に入るもの)に合わせる！
・「～」に入るのが単数なので，be動詞はis！

There is ～.の文　There **is** a chair in the room.

（その部屋にはいすが1つある。）

✔There is ～.の文の形

疑問文　Is there a chair in the room?
—Yes, there is. / No, there isn't.

否定文　There is not a chair in the room.

未来の形　There will be a chair in the room.

✔命令形の文の形

命令形の文　**Look** at that car.（あの車を見なさい。）
動詞の原形

「～しないでください」は動詞の前にDon'tをつけるよ！

否定の命令文　Don't run by the pool.

be動詞の命令文　Be quiet in the library.

2 There is ～.の文で注意すること

・There is ～.の文は，主語が特定されないときに使う。

× There are my balls in the box.

my ball「私のボール」とものが特定されてしまっているとThere is ～.の形で表すことはできないよ！

○My balls are in the box.（私のボールは箱の中にある。）

とい て わかる

1 次の (1) から (3) までの（　）に入れるのに最も適切なものを**1**，**2**，**3**，**4**の中から1つ選びなさい。

(1) A：Is (　　) a stadium in your town?
B：Yes. I sometimes go to the stadium to watch baseball games.
1 they　**2** those　**3** there　**4** these

(2) There (　　) a book on the table.
1 be　**2** are　**3** does　**4** is

(3) A：(　　) careful. That cup is very hot.
B：Oh, thank you.
1 Being　**2** Be　**3** Is　**4** Are

2 次の (1) から (3) までの日本語文の意味を表すように①から⑤までを並べかえて□の中に入れなさい。そして，2番目と4番目にくるものの最も適切な組み合わせを**1**，**2**，**3**，**4**の中から一つ選びなさい。※ただし，（　）の中では，文のはじめにくる語も小文字になっています。

(1) その公園にはベンチがありませんでした。
(① no　② were　③ there　④ in　⑤ benches)
□ □ □ □ □ the park.
1 ②−①　**2** ②−⑤　**3** ⑤−②　**4** ⑤−③

(2) かごに入っているオレンジを数えてください。
(① oranges　② in　③ count　④ please　⑤ the)
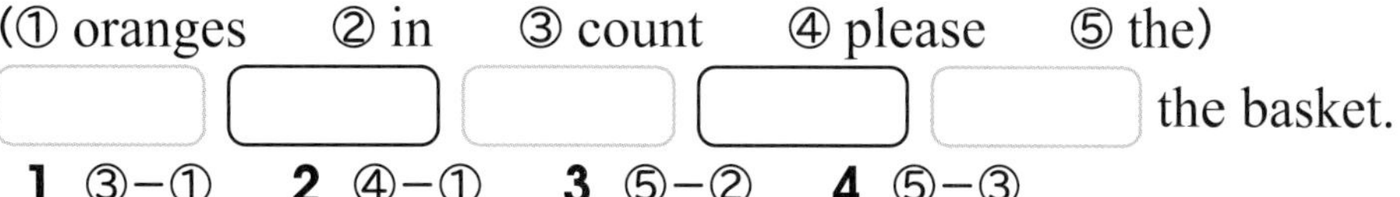
□ □ □ □ □ the basket.
1 ③−①　**2** ④−①　**3** ⑤−②　**4** ⑤−③

(3) この部屋で写真をとらないでください。
(① this　② pictures　③ don't　④ in　⑤ take)
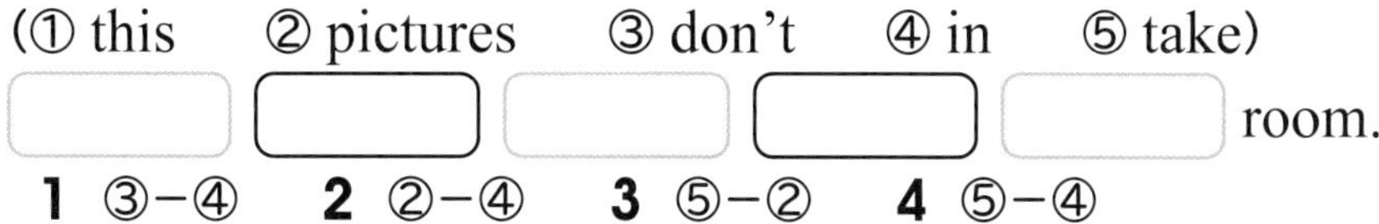
□ □ □ □ □ room.
1 ③−④　**2** ②−④　**3** ⑤−②　**4** ⑤−④

答え ▶ 別冊 p.12

ホントにわかる

確認のテスト⑤

月　　日

1 次の文の（　　）内から適切な語を選び，○で囲みましょう。ただし，１語とは限りません。

⑴ Ms. Jones (come, comes, came) to Japan last month.
先月

⑵ I'm the (young, younger, youngest) in my family.
家族

⑶ You (must, may, have) to go there now.
今すぐ

⑷ It (doesn't, wasn't, didn't) cold yesterday.
寒い

2 次の ⑴ から ⑶ までの（　　）に入れるのに最も適切なものを**1**，**2**，**3**，**4**の中から１つ選びなさい。

⑴ I'll (　　　　) him this T-shirt.

1 watch　**2** run　**3** wash　**4** give

⑵ Do you have (　　　　) to eat?

1 no　**2** how　**3** anything　**4** what

⑶ There (　　　　) some birds on the tree.

1 are　**2** is　**3** see　**4** sing

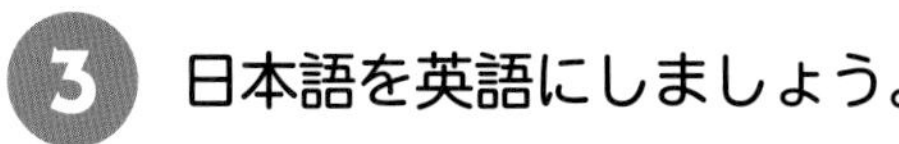

3 日本語を英語にしましょう。

(1) あなたは彼女に会いたいですか。

会う　meet

(2) 彼らはとても忙しそうです。

とても　very

(3) 私のぼうしはあなたのものより小さいです。

ぼうし　cap

(4) 私たちは昼食を食べるためにそのレストランへ行きました。

食べる　have　　レストラン　a restaurant

(5) 遅れないで。

遅れた　late

答え ▶ 別冊 p.13

28 誘う，勧める表現

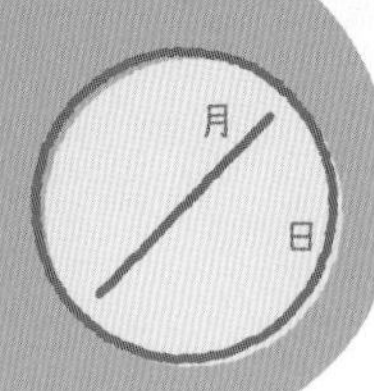

よんでわかる

1 誘う場面

You look happy. What happened?
うれしそうだね。何かあった？

I bought a new racket last week. ＿＿＿＿＿＿
新しいラケットを買ったんだ。＿＿＿＿＿＿

Sounds good.
いいね。

1 Do you have another one?　**2** Let's play tennis tomorrow afternoon.
3 How's the weather today?　**4** I don't like it.

正解は　**2**　「明日の午後テニスをしましょう。」

よく出る表現

Let's ～.と誘われて「そうしよう」と答えるとき，Sounds good.のほかに "Yes let's.", "All right.", "Sure."などと答えることができます。

2 誘う・勧める場面でよく使う表現

誘うときに使う表現

How about doing *shogi*?
（将棋をしませんか。）
Do you want to watch TV?
（テレビを見ませんか。）
Shall we play the guitar?
（ギターを弾きませんか。）

勧めるときに使う表現

Do you want some more?
（もっといかがですか。）
Why don't you take this lesson?
（その授業をとってはいかがですか。）
How about going shopping?
（買い物に行くのはどうですか。）

次の会話を読んで空欄に当てはまるものを**1**, **2**, **3**, **4**から選びなさい。

(1) Wife : I have nothing to do today.
Husband : (　　　　)
Wife : Yes, let's.

1 Can you help me?　**2** Will it be sunny tomorrow?
3 Shall we go for a drive?　**4** May I eat this pizza?

(2) Girl 1 : Do you want to go to a movie with me this afternoon?
Girl 2 : (　　　　) I have a piano lesson today.

1 Of course, you can.　**2** No problem.
3 That's too bad, Kate.　**4** I'd like to, but I can't.

(3) Boy : This apple pie is delicious.
Woman : I'm happy to hear that. (　　　　)
Boy : Yes, please.

1 Would you like some more pie?
2 Do you need any help?
3 Could you make breakfast for us?
4 Will you have lunch at that restaurant?

(4) Boy 1 : How about going to a zoo?
Boy 2 : (　　　　) I like watching animals.
Boy 1 : Me, too.

1 Nice talking to you.　**2** That's very kind of you.
3 I'm not sure about that.　**4** That's a good idea.

(5) Man : Do you want something to drink?
Girl : Yes. (　　　　)

1 I'd like some orange juice.　**2** I'm looking for my glasses.
3 That's too much for me.　**4** There's someone here.

答え ▶ 別冊 **p.13**

29 許可・依頼・希望する表現

よんでわかる

1 人に許可を求める場面

Where is your dictionary? あなたの辞書はどこなの？

I left it in my locker. [ ]
ロッカーに置いてきちゃった。[ ]

Sure. Here you are. いいよ。はい，これ。

1 Can I borrow yours?　**2** Did you know where?
3 Should I tell Mr. White?　**4** How about you?

正解は　**1**　「あなたのを借りてもよい？」

よく出る表現

Can I ～?は「～してもいいですか？」と許可を求める表現で，家族や友人などの親しい間柄でよく使います。丁寧な言い方にするには，May I ～?やCould I ～?という表現にします。

2 許可を求める・依頼する表現

許可を求めるときに使う表現

May I come in?
（入ってもよろしいでしょうか。）

Can I ask you a question?
（あなたに質問してもいいですか。）

Could I use this computer?
（このコンピューターを使ってもよろしいでしょうか。）

依頼するときに使う表現

Can you take me to the post office?
（私を郵便局へ連れて行っていただけますか。）

Will you wash these dishes?
（これらの皿を洗ってもらえますか。）

Would you tell me your dreams?
（私にあなたの夢を話してもらえますか。）

次の会話を読んで空欄に当てはまるものを**1**，**2**，**3**，**4**から選びなさい。

(1) Man : I made this chair.
Boy : Really? (　　　　)
Man : Of course.
1 Should I wear it?　　**2** May I sit on it?
3 Did you know that?　　**4** Can you take me there?

(2) Father : Jane, can you clean the windows now?
Daughter : (　　　　) Dad. I just want to finish my homework first.
1 Good luck,　　**2** I'll take it,
3 That's right,　　**4** Just a minute,

(3) Girl : Would you pass me the sugar?
Boy : Sure. (　　　　)
1 Be careful.　　**2** Here you are.
3 Well done.　　**4** Over there.

(4) Sister : Can I use your camera this Saturday?
Brother : (　　　　) I'll go camping and take pictures of the mountains this weekend.
1 I'm fine, thank you.　　**2** I'm coming, Sally.
3 I'm just looking.　　**4** I'm sorry, you can't.

(5) Boy : Our baseball team has a game next Sunday.
Girl : Will you win it?
Boy : (　　　　)
1 I hope so.　　**2** You're welcome.
3 That's cool.　　**4** Don't give up.

答え ▶ 別冊 **p.13〜14**

30 疑問詞の質問・回答①

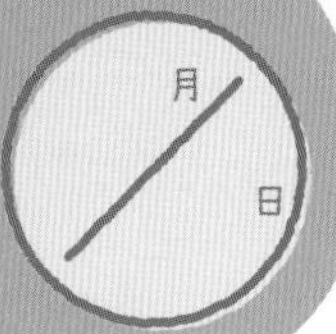

よんでわかる

1 人のためにすればよいかたずねる場面

I must finish cleaning the living room by noon. Can you help me?
お昼までに居間の掃除を終わらせなきゃならないの。手伝ってくれる？

Yes. [　　　　] いいよ。[　　　　]

Can you clean the windows? 窓をきれいにしてくれる？

1 Why should I do that?　　**2** What can I do for you?
3 When should I go there?　　**4** Which do you want?

正解は **2**「何をすればいい？」

✔よく出る表現

What can I do for you?は，困っていそうな人に声をかける場合や，店員が客に話しかける場合など，さまざまな場面で使われます。

2 公共交通機関についてたずねる場面

Which bus goes to the city library?
どのバスが市立図書館へ行きますか？

No. 5 does. 5番です。

Where should I get off? どこで降りればいいですか？

Get off at the city hall. 市役所で降りてください。

✔よく出る表現

Which ～ goes to …?は「どの～が…へ行きますか？」と，複数あるバスや鉄道などの路線のどれに乗ればよいかをたずねる表現です。Which ～ should I take to go to …?「…へ行くにはどの～に乗ればいいですか？」のようにたずねることもできます。

次の会話を読んで空欄に当てはまるものを**1**，**2**，**3**，**4**から選びなさい。

(1) Man : Hello. May I speak to Mr. Evans?
Woman : (　　　　)
Man : This is George Smith.

1 Is Ms. Jackson there?　　**2** How are you feeling?
3 Who's calling, please?　　**4** Whose phone is it?

(2) Boy : Where did you go skiing last month?
Girl : (　　　　) I like skiing very much.

1 In winter.　　**2** To the station.
3 For a week.　　**4** In Nagano.

(3) Girl : When will the band come to Japan?
Boy : (　　　　) I'm looking forward to their concert.

1 Four weeks ago.　　**2** Next month.
3 At the theater.　　**4** By plane.

(4) Teacher : Don't put anything on this table. (　　　　)
Student : It's Kevin's.

1 Whose bag is this?　　**2** How much is this watch?
3 Where's his bicycle?　　**4** Who made this cake?

(5) Boy : What should I talk about for the speech contest?
Girl : (　　　　) You're a good singer.

1 Why did he say so?　　**2** What happened to the band?
3 Which way should I go?　　**4** How about music?

答え ▶ 別冊 **p.14**

31 疑問詞の質問・回答②

よんでわかる

1 様子・状態・状況などをたずねる場面

I didn't do very well. あまりよくできなかったよ。

That's too bad. You should study harder.
それは残念だね。もっと熱心に勉強した方がいいよ。

1 What's your favorite subject? **2** How did you study math?
3 How was your exam? **4** Did you do the dishes?

正解は **3** 「テストはどうだったの？」

よく出る表現

「～はどうですか？」と様子や状態などをたずねるときや，「どう～しますか？」と方法・手段をたずねるときには，疑問詞は**how**を使います。

2 期間をたずねる場面

I went to Canada during my summer vacation.
夏休みにカナダに行ったんだ。

How long did you stay there? そこにはどのくらい滞在したの？

For two weeks. I enjoyed fishing in the river.
２週間だよ。川で釣りをしたのが楽しかったよ。

That's wonderful. それはすばらしいね。

よく出る表現

How long ～?は「どのくらいの間～ですか？」と期間（時間）をたずねる表現です。また，数をたずねるときは**How many**を，量や値段をたずねるときは**How much**を使います。

次の会話を読んで空欄に当てはまるものを**1**，**2**，**3**，**4**から選びなさい。

(1) Boy : Our basketball team has a game this Saturday.
Girl : What time does the game start?
Boy : (　　　　)

1 About 20 minutes.　　**2** Three times a day.
3 15 dollars.　　**4** At 1:30.

(2) Salesclerk : How about this one?
Boy : It's very nice. (　　　　)
Salesclerk : It's fifteen dollars.

1 How old are they?　　**2** What time is it?
3 Which is yours?　　**4** How much is it?

(3) Boy : How long does it take from here to the hospital?
Girl : (　　　　) Let's ask that woman.

1 I'm not sure.　　**2** It's important.
3 That's a great idea.　　**4** I can't wait.

(4) Girl : I had fun at the concert.
Boy : (　　　　)
Girl : He played the trumpet.

1 How many songs did your sister sing?
2 Which country did the band visit?
3 What instrument did your brother play?
4 What kind of music did your uncle like?

(5) Boy : My sister likes to visit museums.
Girl : How often does she visit them?
Boy : (　　　　)

1 Five weeks ago.　　**2** For three years.
3 About once a month.　　**4** During last summer.

答え ▶ 別冊 p.14

32 疑問詞の質問・回答③

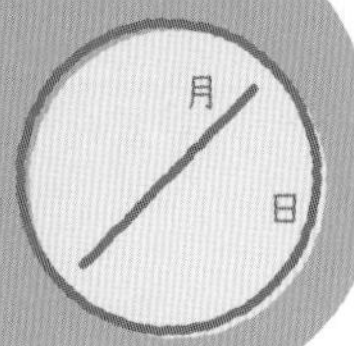

よんでわかる

1 考えをたずねる場面

I read this book last week. この本を先週読んだよ。

It was very interesting. You should read it, too.
とても面白かったよ。あなたも読んだ方がいいよ。

1 I read it, too. **2** How was your last week?
3 Why did you think so? **4** What did you think of it?

正解は **4** 「あなたはそれについてどう思った？」

よく出る表現

どう思うかを動詞thinkを使ってたずねるときは，疑問詞はwhatとなります。これに対して，動詞feelを使ってたずねるとき疑問詞はhowとなるので，混同しないように注意が必要です。

2 感想をたずねる場面

When did you come to Japan?
あなたはいつ日本に来たのですか？

Five months ago. 5か月前です。

How do you like Hokkaido? 北海道はどうですか？

It's wonderful. The people are kind and the food is good.
すばらしいです。人々は親切ですし，食べ物はおいしいです。

よく出る表現

How do you like ～?は「～はどうですか？」と相手に感想や意見をたずねる表現です。「～はどうでしたか？」と過去のことをたずねる場合は，doを過去形のdidにします。

次の会話を読んで空欄に当てはまるものを**1**，**2**，**3**，**4**から選びなさい。

(1) Girl : Hi, John. (　　　　)
Boy : I'm really good.
1 What are you doing now?　**2** Why do you think so?
3 Where are you going?　**4** How do you feel today?

(2) Boy : Thank you for helping me.
Girl : (　　　　) What are you going to do next?
Boy : Nothing.
1 No problem.　**2** That's too bad.
3 Excuse me.　**4** I'm not sure.

(3) Mother : You look sick. (　　　　)
Son : I feel cold.
1 Why not?　**2** How about you?
3 What's the matter?　**4** Who's calling?

(4) Waiter : How would you like your coffee?
Man : (　　　　) please.
Waiter : Certainly.
1 At the table,　**2** With milk and sugar,
3 By bus or train,　**4** Three or four times,

(5) Student : I like studying English.
Teacher : (　　　　)
Student : It's a useful language.
1 How do you use it?　**2** What does it look like?
3 How does it work?　**4** What do you think of it?

答え▶別冊 **p.14～15**

ホントにわかる

確認のテスト⑥

月　　日

次の (1) から (8) までの（　　）に入れるのに最も適切なものを**1**，**2**，**3**，**4**の中から1つ選びなさい。

(1) A：I like this bag. (　　　　)
B：It's 4,500 yen.
1 Do you like it?　**2** Which one do you like?
3 How much is it?　**4** Whose bag is this?

(2) A：I'm going to Okinawa with my family next month.
B：That's great! (　　　　)
1 Have a good time.　**2** Let me see.
3 Nice to meet you.　**4** Wait a minute.

(3) A：Thank you very much for your time, Mr. Wilson.
B：(　　　　) See you again soon.
1 I'm sorry about that.　**2** Nice talking to you.
3 I don't have time now.　**4** Take your time.

(4) A：This shirt is too short.
B：(　　　　) I think it's larger.
1 How big is it?　**2** How about this one?
3 What about you?　**4** How do you like it?

(5) A：(　　　　)
B：It was a little difficult, but I did well.
1 Do you like math?　**2** What subject are you studying?
3 When is your exam?　**4** How was your exam?

(6) A：Who broke my glasses? Our cat or the kids?

B：(　　　　) Let's ask them.

1 They have beautiful glasses.　**2** There were no glasses here.

3 I'm not sure about that.　**4** Our cat is five years old.

(7) A：Hello, this is Kate. Is Jim there?

B：I'm sorry, but he is in a meeting now.

A：OK, (　　　　)

1 let's wait here.　**2** please call me Kate.

3 I'll call back later.　**4** you have the wrong number.

(8) A：(　　　　)

B：Go along this road. You'll find it on your right side.

1 How can I get to the movie theater?

2 What do you think of the new library?

3 Do you want to go shopping with me?

4 Can I have some more coffee?

答え ▶ 別冊 p.15

33 掲示・案内

よんでわかる

1 長文A 掲示・案内

（例文）

Cooking Classes with Chef Amy Brown ←①

Date: Saturday, Oct. 15 / Place: Endeavor Hotel on Robson St. ←②

Baking workshop — 10 a.m. to 12 p.m.
Learn to bake — Pumpkin Pie
Registration — $15

Cooking workshop — 2 p.m. to 4 p.m.
Learn to cook — Beef and Pumpkin Lasagna
Registration — $30 ←②

＊Bring only your own apron ←③
For more information: Click here

得点アップのコツ

① 掲示・案内のタイトルから何について書かれているかをおさえる。
② 時間や場所，金額などの細かい内容をおさえる。
③ 注意事項についておさえる。

（例文）では①に「Cooking Classes」とあり，料理教室についての案内だとわかります。②には場所や開催時間，習う料理，料金が示されています。③では「エプロンを持参する」必要があることが書かれています。

よく出る単語と表現

掲示・案内の長文では，次のような表現がよく出題されます。

How many[much] ～? いくつの～か？，何人の～か？

When[What / Where / Who] will[can] ～?
いつ[何が／どこで／誰が] ～か？

次の掲示の内容に関して，(1) と (2) の質問に対して最も適切なもの，または文を完成させるのに最も適切なものを**1**，**2**，**3**，**4**の中から一つ選びなさい。

Japan Festival

When: October 12 to 15, 10 a.m. to 5 p.m.
Where: Greenhill Park
You can enjoy
・Some Japanese food — All food is $4.
・A free concert — You'll listen to Japanese songs.
・Old Japanese comic books — You can buy them for $2 each.
＊The concert is from 1 p.m. to 4 p.m.
＊Everyone can get one bottle of green tea for free.

(1) When will the concert start?

1 From 10 a.m. **2** From 1 p.m.
3 From 4 p.m. **4** From 5 p.m.

(2) At the festival, you can

1 have Japanese food for $3.
2 play some musical instruments.
3 drink green tea for $4.
4 get a comic book for $2.

ヒント for free 無料で

答え▶別冊 **p.15～16**

34 Eメール

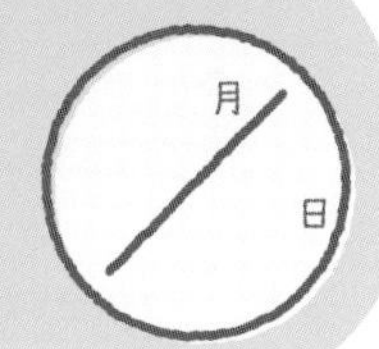

よんでわかる

1 長文B Eメール

✔問題の特徴

主に友人間で約束事をする内容のメールや手紙のやり取りが出題される。
問題は２問出題される。

（例文）

From: David Miller
To: Linda Walker
Date: July 18
Subject: This Sunday
←①

Hi Linda,←②
Are you free this Sunday? My uncle Steven will come to my house this weekend. We are going to watch a baseball game at the stadium on Sunday. You like baseball very much, right? Do you want to come with us?←③ If you can come, we'll pick you up around 11 a.m. The game starts at 1 p.m., so let's have lunch before the game.
Your friend,←②
David

得点アップのコツ

① Eメールを送った人，受け取った人，日付，件名をおさえる。
② HiやDear，Sincerely yoursなどメールでよく出る表現をおさえる。
③ Eメールで最も伝えたいことをおさえる。

（例文）では①にDavidからLindaへのメールであることから送り手と受け手の名前が分かり，Subjectに「This Sunday」とあることから今週の日曜日のことが書かれていると分かります。②にはEメールの書き出しでよく使われるHi，があり，③には「私たちといっしょに行かない？」と何かに一緒に行こうと誘っていることが書かれています。

次のEメールの内容に関して，(1) と (2) の文を完成させるのに最も適切なものを**1**，**2**，**3**，**4**の中から一つ選びなさい。

From: Albert Rogers
To: Carly Cameron
Date: November 26
Subject: Christmas holiday

Hi Carly,
I'm glad to hear from you. I would love to go to your party, but I go to my uncle's Christmas party on every Christmas day. It'll start at 5 PM and finish at about 8 PM, and I'm thinking of leaving in the middle of the party at about 6 PM. Could I come to your party then? Please let me know what you think.
Best wishes,
Albert

From: Carly Cameron
To: Albert Rogers
Date: November 27
Subject: You're welcomed Anytime!

Hi Albert,
Thank you for your reply. I understand your situation. I'd be pleased if you came to my party after your uncle's party. I will welcome my guests at 4 PM, and I haven't decided the finish time, so you can come anytime! By the way, you wanted to meet my friend Misa, right? She said she's coming at about 5 PM, so I'll keep her here until you come.
Take care,
Carly

(1) Albert is going to visit Carly's party

1 on this Christmas Eve. **2** in the middle of his uncle's party.
3 before his uncle's party. **4** after his uncle's party finishes.

(2) On the day of the party, Albert will

1 eat Christmas cake. **2** meet Carly's friend Misa.
3 hold his own party. **4** take Misa to the party.

ヒント I'm glad to hear from you.　あなたからの連絡うれしいです。（メールや手紙のあいさつ）
reply　返信

答え ▶ 別冊 p.16

35 ある人物(できごと)についての説明①

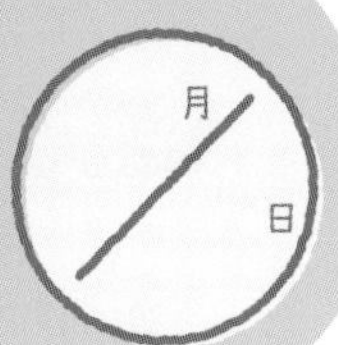

よんでわかる

1 長文C 説明文

✔問題の特徴

個人の体験談や何かを説明する文章がよく出題されます。
3～4段落程度の文章が多く，150語～200語程度の文章です。

（例文）

Gia's Dream

Gia is a second-year high school student in Japan, and she is in the science club at school. She started thinking about her future, and she is always asking herself, "What should I study in college?" ←①

One day, she went to a science museum. When she was a small child, she had often visited that place with her family. She looked all around the museum, and stopped in front of a big picture of outer space*. She said to herself, "I wanted to be an astronaut* when I was a child."

Then a man came and stood by her. He asked, "Do you want to go to space?" She answered, "Yes I do." She was surprised because that man was a famous astronaut. He smiled and said, "You can do anything if you really want to do." Then he said goodbye to her. ←②

She looked at his back. She wanted to be like him in the future. She decided to study to become an astronaut. ←③

*(outer) space：宇宙
*astronaut：宇宙飛行士

得点アップのコツ

① どのような人物について語られているのかをおさえる。
② どんな状況や場面の話であるかをおさえる。
③ だれの思っていることなのか，だれの言っていることなのかをおさえる。

（例文）では①にこの文の人物説明が書かれています。ある人物について書かれている文の場合，1段落目で人物の特徴，人物がおかれている状況などが説明されることが多いです。②の文頭にあるOne day「ある日」から，「その人物」の「できごと」の説明が順を追って説明されています。③文章の全体を通して，だれが思っていることなのか，だれの発言なのかを主語に注意して読み取りましょう。

次の英文の内容に関して，(1) から (4) の質問に対して最も適切なもの，または文を完成させるのに最も適切なものを**1**，**2**，**3**，**4**の中から一つ選びなさい。

Staying at Home

Nancy is 12 years old. She lives with her parents and her dog Nick. Nancy usually helps her mother with housework*.

Last Saturday, her mother went out to see Nancy's grandparents. She asked Nancy and her father, "Can you do some housework?" They started working after she left. First, Nancy cleaned the bathroom, and her father cleaned up the garden. After that, Nancy took Nick for a walk. When she got back home, her father was washing the dishes.

After they finished their work, her father said to Nancy, "Let's buy something to eat for dinner." But she said, "I'll make our dinner!" She made stew and salad. She felt tired because this was her first time to cook by herself. Her father told her, "It's delicious! You're a good cook." Nancy was happy to hear that.

Nancy's mother came back home at night. When Nancy talked about cooking that day's dinner without* any help, her mother was surprised about it. And she said, "You helped me a lot!"

*housework：家事
*without：～なしで

(1) Last Saturday, Nancy's mother
1 forgot to do housework.
2 went shopping for dinner.
3 was not at home during the day.
4 was happy to see Nancy's grandparents.

(2) Who cleaned the bathroom?
1 Nancy.
2 Nancy's mother.
3 Nancy's father.
4 Nancy's grandparents.

(3) What did Nancy's father tell her?
1 She cooked very well.
2 She ate too much.
3 He bought food for dinner.
4 He wanted to make stew and salad.

(4) Why was Nancy's mother surprised?
1 That day's dinner was very good.
2 Nancy's father cleaned up the garden.
3 Nancy's father helped her with the cooking.
4 Nancy made dinner by herself.

ヒント by *oneself* 自分一人で

答え ▶ 別冊 **p.17**

36 ある人物(できごと)についての説明②

よんでわかる

1 長文C 説明文

（例文）

Swimming with Dolphins ←①

Alissa wasn't good at swimming. She went to a swimming school near her elementary school. The practice was very hard for her and she didn't like the school. She gave up.

Last summer, Alissa went to a beach park with her family. They went dolphin watching by boat. Alissa and her brother touched* the dolphins. Her brother was good at swimming and could swim with them. After that, she and her brother played on the beach. Her brother swam well. She tried it but couldn't do it well. She saw a lot of small, beautiful fish there. Her brother taught her the names of the fish. ←②

Two months ago, she watched a video. It was about dolphins. She became interested in them and watched it many times. She wanted to swim with dolphins.

She started going to the swimming school again. Now, she wants to go to the beach park and swim with dolphins next year. She also wants to know more about the sea and the animals in it. ←③

*touch：触る

得点アップのコツ

① タイトルからどのような話が書かれているのかをおさえる。
② 段落ごとに展開する話の流れをおさえる。
③ 最終段落で書かれている話の結末をおさえる。

（例文）では①のタイトルにSwimming with Dolphins「イルカと泳ぐ」とあります。まずはタイトルからどのような話が展開されるのかを予測してみましょう。②の文頭にあるAlissaはこの文の主要人物。彼女がどのような経験をしたのかを段落を読み進めて理解していきます。各段落は時間の流れにそって進むことが多いことを覚えておきましょう。③は最終段落。ある人物の経験を述べた説明文では最後に主要人物の今の気持ちや目標などが書かれていることがよくあります。

次の英文の内容に関して，(1) から (4) の質問に対して最も適切なもの，または文を完成させるのに最も適切なものを**1**，**2**，**3**，**4**の中から一つ選びなさい。

Robot Contest

William is in the technology* club at his school. He likes robots very much. He buys two books about robots in a month. But he is not good at making things.

One day, there was a club meeting, and Mr. Green told the members "We will join a robot contest!" William was worried because he couldn't make robots like the other club members. He told Mr. Green, "I don't want to join the contest." And Mr. Green said, "You like robots, right? How about thinking of the design* of the robot?" William said, "OK, I'll try."

After that, William drew a lot of robot pictures every day. He also went to the library and borrowed some books about robots to get ideas. Finally, he finished drawing his robot.

On the day of the contest, the club's robot moved fast and strongly, and they won the contest. The club also got the "Best Design Award*." William was very happy. After the contest, he wanted to design a lot of things.

*technology：テクノロジー，技術
*design：デザイン
*Best Design Award：最優秀デザイン賞

(1) How many books does William buy in a month?

1 One.
2 Two.
3 Three.
4 Four.

(2) What did Mr. Green say to William?

1 Do your own contest.
2 Think about the robot's look.
3 Talk to the other club members.
4 Finish making a robot.

(3) How did William get ideas?

1 He joined a technology club.
2 He drew a lot of paintings.
3 He read some books about robots.
4 He took pictures of robots.

(4) After the contest, William

1 joined an art club.
2 had interest in design.
3 designed some robots.
4 left the technology club.

ヒント be good at ～　～がじょうずだ
How about ～？　～はどうですか？

答え ▶ 別冊 p.17～18

確認のテスト⑦

月　日

次のEメールの内容に関して，(1) から (3) までの質問に対する答えとして最も適切なものを**1**，**2**，**3**，**4**の中から一つ選びなさい。

From: Rick Adams
To: Sally Gates
Date: May 16
Subject: Do you want to sing with our band?

Hi Sally,
Thanks for coming to our concert last Sunday. I hope you enjoyed it. Your brother George always says that you're a good singer. Our band is looking for new members. Do you want to sing with us? We practice every weekend at my house. Can you join our practice this weekend? I hope George can come, too.
Hope to hear from you,
Rick

From: Sally Gates
To: Rick Adams
Date: May 16
Subject: I'm glad to hear that.

Hi Rick,
George and I had a great time at the concert. You played the drums very well. Yes, I want to join you. I'm going to play tennis with Lucy this Sunday, so I can come on Saturday. I'll bring my guitar. George can't come because he has a piano lesson on that day. All the members of my family like music. My father plays the trumpet, and my sister Beth likes playing the violin.
See you then,
Sally

(1) Who went to the concert?

1 Sally and Beth.

2 Lucy and George.

3 Lucy and Beth.

4 Sally and George.

(2) What will Sally do this Sunday?

1 She will play tennis with Lucy.

2 She will go to Rick's house.

3 She will play the piano at a concert.

4 She will sing some songs.

(3) What will Sally bring to Rick's house?

1 Her trumpet.

2 Her piano.

3 Her violin.

4 Her guitar.

答え ▶ 別冊 p.18～19

ホントにわかる

確認のテスト⑧

月　日

次の英文の内容に関して，(1) から (5) までの質問に対する答えとして最も適切なもの，または文を完成させるのに最も適切なものを**1**，**2**，**3**，**4**の中から一つ選びなさい。

New Shopping Mall

Today is the opening day of a new shopping mall. Manami, a junior high school student, went there with her mother and brother. Manami got really excited at the many new shops and restaurants in the shopping mall.

First, they felt hungry, so they had lunch at a Chinese restaurant. Manami and her brother really liked the fried rice there. After that, they saw a movie. It was a heartwarming story, and Manami felt happy after seeing it.

When the movie finished, her mother said to them, "I have to buy some food for dinner." So, each of them went to different shops. Manami visited a clothes shop to get a T-shirt. Her brother looked around a toy shop because he likes toys. And her mother bought vegetables and meat at a supermarket on another floor.

They had a good time at the shopping mall and left at 5:00 p.m. But Manami looked around few shops, so she wants to go with her friends next time.

*heartwarming：心温まる
*look around ～：～を見て回る

(1) Today, Manami and her family

1 ate dinner at a restaurant in the mall.

2 enjoyed shopping at clothes shops.

3 visited a new shopping mall for the first time.

4 were at Manami's junior high school.

(2) What did Manami and her family do first?

1 They made fried rice.

2 They watched a movie.

3 They bought vegetables.

4 They went to a restaurant.

(3) How did Manami feel after watching the movie?

1 Happy.

2 Hungry.

3 Sad.

4 Sleepy.

(4) What did Manami's mother tell her children?

1 They can buy some toys.

2 They have to go to a supermarket.

3 She needs to get something for dinner.

4 She wants to see a different shop.

(5) Why does Manami want to go to the shopping mall again?

1 Manami could not visit so many shops.

2 Manami's family enjoyed it very much.

3 Manami's friends wanted to go with her.

4 The shops had a lot of good food.

答え ▶ 別冊 **p.19**

4章 リスニング

37 誘いへの対応

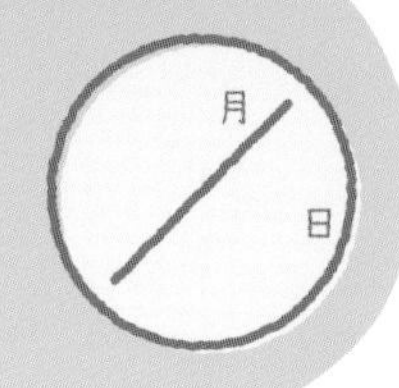

よんでわかる

1 リスニングの出題ポイント［第1部］

第1部は，イラストを見ながら問題を聞いて，最後の文に対する応答を選びます。

読まれる英文

A: Hi, Kate. You look busy.
（こんにちは，ケイト。忙しそうだね。）

B: Yes, Tom. I'm doing my homework.
（そうなんだよ，トム。宿題をやっているの。）

A: Really? Can you go to the movie this afternoon?
（そうなの？ 今日の午後，映画を観に行ける？）

1 Yes, of course.（はい，もちろんです。）
2 No, it's my ticket.（いいえ，それは私のチケットです。）
3 It's too difficult for me.（私には難しすぎます。）

ポイント
- 英文は2度放送されるので，1度目で分からなかった所を整理し，2度目に備えよう。
- イラストから場面や人の関係性などを想像しておこう。

2 疑問形への応答

答えの直前の文が疑問文の場合は，何を尋ねられているかしっかりと理解しよう。

読まれる英文

A: Hi, Kate. You look busy.（こんにちは，ケイト。忙しそうだね。）
B: Yes, Tom. I'm doing my homework.（そうなのよ，トム。宿題をやっているの。）
A: Really? Can you go to the movie this afternoon?（そうなの？ 今日の午後，映画を観に行ける？）
→具体的に問われている内容

1 Yes, of course.（はい，もちろんです。）
2 No, it's my ticket.（いいえ，それは私のチケットです。）
3 It's too difficult for me.（私には難しすぎます。）

homework（宿題）に気を取られて3を選ばないように注意しよう。

答え：**1**

イラストを参考にしながら対話と応答を聞き，最も適切な応答を１から３の中から一つ選びなさい。

(1)

(2)

(3)

(4)

(5)

(6)

答え ▶ 別冊 p.20

38 注文・電話での対応

よんでわかる

1 リスニングの出題ポイント［第１部］

会話の場面を想像しながら聞きましょう。

読まれる英文

A: May I help you?
（何か御用でしょうか？）

B: Yes, please. I'm looking for a blue bag.
（はい、そうなんです。青いバッグを探しているんですが。）

A: How about this one?
（こちらはいかがでしょうか。）

1 Great, I'll take this.（いいね、これにしよう。）
2 I like pink better than blue.（青よりピンクの方が好きです。）
3 Yes, I think so.（ええ、そう思います。）

ポイント
・**May I help you?**「何か御用でしょうか？」や**How about this one?**「こちらはいかがですか？」などのような注文や電話での対応で多く出題される表現に慣れておきましょう。

2 選択肢をしっかりと理解する

正解と紛らわしい選択肢に注意しよう。

読まれる英文

A: May I help you?（何か御用でしょうか？）
B: Yes, please. I'm looking for a blue bag.（はい、そうなんです。青いバッグを探しているんですが。）
→①

A: How about this one?（こちらはいかがでしょうか。）

1 Great, I'll take this.（いいね、これにしよう。）
2 I like pink better than blue.（青よりピンクの方が好きです。）
→①のセリフから間違いだと分かる。
3 Yes, I think so.（ええ、そう思います。）

答え：**1**

イラストを参考にしながら対話と応答を聞き，最も適切な応答を１から３の中から一つ選びなさい。

(1)

(2)

(3)

(4)

(5)

(6)

答え ▶ 別冊 p.21

39 状況説明を聞き取る

よんでわかる

1 リスニングの出題ポイント［第2部］

第2部は，対話と質問が流れ，その答えとして正しいものを選ぶ形式で出題されます。

読まれる英文

A: **What are you doing?**
（何してるんですか？）

B: **I'm looking for my red pencil. I lost it.**
（赤鉛筆を探してるんだ。失くしたんだ。）

A: **Really? I'll lend my pencil.**
（そうなんだ？　貸してあげるよ。）

B: **Oh, thank you.**（ああ，ありがとう。）

Question: **What is the girl's problem?**（質問：その女の子は何に困っていますか？）

1 She lost a pencil.（彼女は鉛筆を失くしました。）
2 She forgot her textbook.（彼女は教科書を忘れました。）
3 Her pencil is broken.（彼女のえんぴつが折れました。）
4 Her red bag is not here.（彼女の赤いかばんがここにありません。）

ポイント
・質問文で何が問われているかをしっかり理解しよう。
・選択肢に事前に目を通して問われる内容を推測しよう。

2 疑問形への応答

質問文の疑問詞に注目して問われている内容をつかもう。

読まれる英文

Question: **What is the girl's problem?**（質問：その女の子は何に困っていますか？）
→女の子が何に困っているかが問われている。

ポイント
・音声は2度放送されるので、1度目の放送では質問の内容を必ず理解しておこう。
・2度目の放送では質問で問われている内容を中心に会話を聞こう。

答え：**1**

対話と質問を聞き，その答えとして最も適切なものを１から４の中から一つ選びなさい。

(1)
1 He got up early.
2 He missed the train.
3 He was so busy.
4 He forgot the plan.

(2)
1 Emily's dream.
2 Emily's sister.
3 Emily's favorite subject.
4 Emily's friend.

(3)
1 The camera.
2 The picnic.
3 Their cat.
4 Tim's grandma.

(4)
1 He gets married today.
2 His brother has a cold.
3 He is very tired today.
4 He is at a party.

(5)
1 Her mother got her a piano.
2 She had a birthday party.
3 She got a concert ticket.
4 Sam bought her a present.

(6)
1 He will do housework.
2 He will meet his friend.
3 He will go to the hospital.
4 He will go on a trip with his son.

ヒント (4) have a cold　かぜをひいている
(6) housework　家事

答え ▶ 別冊 p.22～23

40 予定を聞き取る

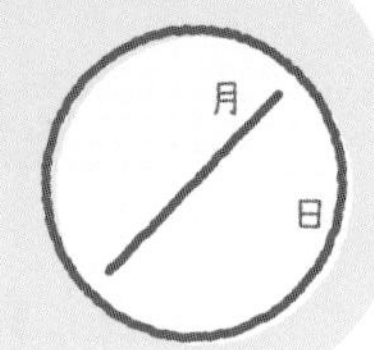

よんでわかる

1 リスニングの出題ポイント［第２部］

第２部では，その他にも短い会話を聞き、「明日何をする予定か？」や具体的な時間などを問われる問題が出題されます。

読まれる英文

A: **Let's go to the museum tomorrow.**（明日，美術館に行こうよ。）
B: **OK, but I will practice tennis tomorrow morning.**
（いいよ，でも明日は朝にテニスの練習をするんだよ。）
A: **Well, how about going out in the afternoon?**（じゃあ、午後に出かけるのはどう？）
B: **Sure.**（もちろんいいよ。）
Question: **What is the girl going to do tomorrow morning?**
（質問：少女は明日の朝、何をするつもりですか？）

1 Practice tennis.（テニスの練習をする。）
2 Draw pictures.（絵を描く。）
3 Visit the museum.（美術館に行く。）
4 Go out with her family.（家族と出かける。）

ポイント	・いつ・どこで・だれが・何をするのかを整理してしっかりと理解しよう。

2 「いつ・どこで・だれが・何を」を整理する。

質問文から問われていることをしっかりとつかもう。

読まれる英文

Question: **What is the girl going to do tomorrow morning?**
→少女が明日の朝することが問われている。

この点に注意して聞くと、

明日の朝	テニスの練習
明日の午後から	美術館に出かける

ということが分かります。

午後にすることと間違えて3を選ばないように注意しよう。

答え：**1**

対話と質問を聞き，その答えとして最も適切なものを１から４の中から一つ選びなさい。

(1)
1 Go shopping with Jim.
2 Eat out for dinner.
3 Wash dishes.
4 Get vegetables.

(2)
1 She is helping the boy.
2 She is doing her homework.
3 She is watching TV.
4 She is having dinner.

(3)
1 He went fishing.
2 He went camping.
3 He visited his friend.
4 He saw the movies.

(4)
1 In 25 minutes.
2 In 50 minutes.
3 In 5 minutes.
4 In 15 minutes.

(5)
1 On Friday.
2 On Saturday.
3 On Sunday.
4 On Monday.

(6)
1 On Sunday night.
2 On Sunday morning.
3 Yesterday morning.
4 Last night.

ヒント (1) eat out　外食する

答え ▶ 別冊 **p.23～24**

41 具体的な時間や頻度を聞き取る

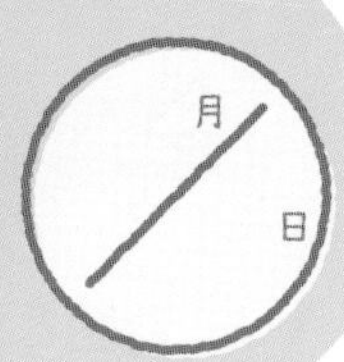

よんでわかる

1 リスニングの出題ポイント［第２部］

第２部では時間を答える形式の問題もよく出題されます。

読まれる英文

A: **I will make dinner for you today, Mom.**（今日、お母さんにご飯を作ってあげるよ。）

B: **Thank you. I will come back about 6:30.**
（ありがとう。６時半頃に戻ってくるから。）

A: **OK. The dinner will be ready at 7:00.**（分かった。７時には夕食ができるよ。）

B: **Great.**（よかった。）

Question: **What time will the dinner start?**
（質問：夕食は何時に始まりますか？）

1 At 7:00.（7時に。）
2 At 7:30.（7時半に。）
3 At 6:00.（6時に。）
4 At 6:30.（6時半に。）

ポイント
・音声を聞く前に選択肢を見て，時間を問う問題だと推測をしましょう。
・複数の時間に関するセリフがあるので，いつ何をしているかを整理しましょう。

2 選択肢から推測する

音声を聞く前に選択肢を確認し，ポイントになる時刻をつかもう。

読まれる英文

1 At 7:00.
2 At 7:30.
3 At 6:00.
4 At 6:30.

選択肢が全て時刻なので、時間が問われると推測できる。

時刻に注目して音声を聞くと，

6:30	お母さんが戻って来る時刻
7:00	夕食が始まる時刻

答え：**1**

対話と質問を聞き，その答えとして最も適切なものを１から４の中から一つ選びなさい。

(1)
1 In Australia.
2 In America.
3 In Canada.
4 In Japan.

(2)
1 The boy's sister.
2 The boy's mother.
3 The boy's brother.
4 The boy's father.

(3)
1 One.
2 Two.
3 Three.
4 Four.

(4)
1 Rainy.
2 Cloudy.
3 Sunny.
4 Windy.

(5)
1 For 15 minutes.
2 For 30 minutes.
3 For an hour.
4 For three hours.

(6)
1 Once a week.
2 Twice a week.
3 Three times a week.
4 Every day.

ヒント (6) Once［Twice］a week　週に1度［2度］　three times a week　週に3回

答え ▶ 別冊 **p.25**

42 全体の流れを聞き取る

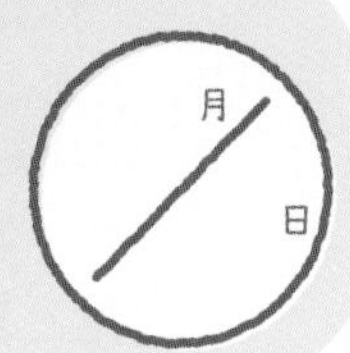

よんでわかる

1 リスニングの出題ポイント［第３部］

第３部では英文と質問を聞き，その答えを選ぶ問題が出題されます。

読まれる英文

A: **I'll meet with my friend from America tomorrow. First, we'll go and see the movies. After that, we'll go to the big zoo and see animals.**
（明日、アメリカから来た友人と会います。まず、映画を見に行きます。その後、大きな動物園に行って、動物を見ます。）

Question: **What is the boy talking about?**
（質問：この男の子は何について話していますか？）

1 His plan.（彼の計画。）
2 His favorite movie.（彼の好きな映画。）
3 His pets.（彼のペット。）
4 His country.（彼の国。）

ポイント
・質問文の疑問詞に注目して何を問われているかをつかもう。以下のような質問文も出題されます。
What's your ～？「あなたの～は何ですか？」
Where should I ～?「どこに～すればいいですか？」
Where did he[she] ～？「彼[彼女]はどこに～しましたか？」

2 第３部の注意点

英文全体のテーマに注意しよう。

読まれる英文

What is the boy talking about?（この男の子は何について話していますか？）
英文の中にある**First, we'll go and see the movies.**「まず、映画を見に行きます。」から2が正解かと思ってしまいます。しかし、続けて**After that, we'll go to the big zoo and see animals.**「その後、大きな動物園に行って、動物を見ます。」と言っています。
１つの単語に惑わされずに、英文のテーマである**His plan.**「彼の計画。」を選べるように注意深く音声を聞きましょう。

答え：**1**

対話と質問を聞き，その答えとして最も適切なものを１から４の中から一つ選びなさい。

(1)
1 On a farm.
2 In a restaurant.
3 At a supermarket.
4 In a city hall.

(2)
1 He couldn’t pass the test.
2 He forgot his homework.
3 He lost his math textbook.
4 He left pens at home.

(3)
1 To play games.
2 To have dinner.
3 To have a party.
4 To watch interesting movies.

(4)
1 Baseball.
2 The guitar.
3 Soccer.
4 The piano.

(5)
1 Play with a ball.
2 Grow flowers.
3 Buy a vase.
4 Decorate his room.

(6)
1 He went shopping.
2 He watched the game.
3 He played basketball.
4 He had dinner.

ヒント (5) vase　花びん　　decorate　～を飾る

答え ▶ 別冊 **p.26**

43 選択肢から内容を推測する

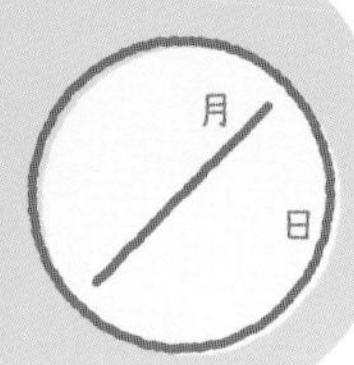

よんでわかる

1 リスニングの出題ポイント［第３部］

ほかにもWhere ～?, When ～?, Who ～?, How ～?などの疑問詞を使った質問が出題されます。

読まれる英文

A: **Ted went abroad for the first time last summer. In July, he enjoyed the traditional summer festival in Japan. In August, he was in China and had many traditional foods.**

（テッドは昨年の夏、初めて海外に行きました。7月には日本で伝統的な夏祭りを楽しみました。8月には中国に行き、たくさんの伝統的な料理を食べました。）

Question: **Where was Ted in July last summer?**

（質問：テッドは去年の夏、7月にどこにいましたか？）

1 In Japan.（日本。）
2 In China.（中国。）
3 In America.（アメリカ。）
4 In Australia.（オーストラリア。）

ポイント
・選択肢が全て国であることに気付いていれば、注目するポイントが分かります。
・複数の時間に関する内容を整理して理解しましょう。

2 選択肢から推測する

選択肢が全て国の名前で、質問が**Where was Ted in July last summer?**なので「7月にどこにいたか？」が問われています。

夏休みの予定を整理すると

7月	日本で伝統的な夏祭りを楽しみました。
8月	中国に行き、たくさんの伝統的な料理を食べました。

質問をしっかりと聞き取り、7月にしたことを問われていることをつかもう。

2の「中国」は8月に訪れた国だよ。
引っかからないように注意しよう。

英文と質問を聞き，その答えとして最も適切なものを１から４の中から一つ選びなさい。

(1)
1 Next Friday.
2 Next Saturday.
3 This Wednesday.
4 Tonight.

(2)
1 The boy's sister.
2 The boy.
3 The boy's brother.
4 The boy's parents.

(3)
1 On foot.
2 By bus.
3 By train.
4 By bike.

(4)
1 Twice a month.
2 Once a month.
3 Once a week.
4 Twice a week.

(5)
1 For a day.
2 For two days.
3 For three days.
4 For a month.

(6)
1 Candies.
2 Cookies.
3 Cakes.
4 Chocolates.

答え ▶ 別冊 p.27

確認のテスト⑨

月　　日

第1部（イラスト問題）

イラストを参考にしながら対話と応答を聞き，最も適切な応答を1，2，3の中から一つ選びなさい。

No.1

No.2

第2部

対話と質問を聞き，その答えとして最も適切なものを**1**，**2**，**3**，**4**の中から一つ選びなさい。

No.1
1 He will play a tennis game
2 He will practice tennis
3 He will leave home early
4 He will go to school

No.2
1 Amy's clothes
2 Amy's hat
3 Brian's computer
4 Brian's present

No.3 **1** Emma.
2 Julia.
3 Emma's mother.
4 Nobody.

No.4 **1** She wants to open the curtains.
2 She wants to read a book.
3 She wants to sleep a little
4 She wants to look out the window.

第３部

英文と質問を聞き，その答えとして最も適切なものを1，2，3，4の中から一つ選びなさい。

No.1 **1** She got a concert ticket.
2 She saw her favorite singer.
3 Her favorite singer was nice.
4 She found her concert ticket.

No.2 **1** This morning
2 This afternoon
3 Tonight
4 Every weekend

No.3 **1** Elephants.
2 Monkeys.
3 Lions.
4 Penguins.

No.4 **1** It took the boy to a forest.
2 It flew away.
3 It took care of the bird's child.
4 It stayed at home for two weeks.

答え ▶ 別冊 p.28～29

模擬試験

注意

- ✔ 音声はポケリスアプリで聞いてください。
- ✔ 実際の試験ではマークシートが配布されます。
- ✔ この模擬試験では解答をそのまま書き込んでください。

次の(1)から(15)までの(　　　)に入れるのに最も適切なものを**1，2，3，4**の中から一つ選びなさい。

---

(1) **A**: This pizza looks delicious! How much is it?
B: It's nine (　　).

1 dollars　**2** prices　**3** floors　**4** hours

(2) I needed my ruler in math class today, but I (　　) to bring it.
1 went　**2** tried　**3** spoke　**4** forgot

(3) **A**: Oh! There are a lot of people here tonight.
B: Yes, you should drive (　　).

1 freely　**2** slowly　**3** quickly　**4** early

(4) We are going to go camping next week, so we bought a big (　　) at the shop yesterday.
1 vacation　**2** tent　**3** information　**4** zoo

(5) George and Jeff are in the same soccer team. They (　　) soccer together every weekend.
1 become　**2** get　**3** practice　**4** like

(6) **A**: Did you finish your homework, Leo?
B: Yes, Mom. But Meg helped me with it because it was too (　　) for me.

1 difficult　**2** easy　**3** dark　**4** useful

(7) My family and I will go to the beach if it is sunny (　　) day next Saturday.
1 each　**2** few　**3** another　**4** all

(8) I have a good friend in China. We write letters to each (　　) every month.

1 some　**2** many　**3** another　**4** other

(9) My brother usually (　　) up early and runs in the park.

1 tells　**2** gets　**3** finds　**4** leaves

(10) **A**: What are you doing, Dave?

B: I am waiting (　　) John.

1 like　**2** with　**3** for　**4** into

(11) This supermarket is very popular. It has food from all (　　) the world.

1 over　**2** up　**3** of　**4** under

(12) Yesterday, I fell asleep (　　) the bus, so I couldn't get off at my stop.

1 in　**2** at　**3** on　**4** with

(13) **A**: What are your plans for tomorrow?

B: I am going (　　) at the library tomorrow.

1 studied　**2** to study　**3** studies　**4** studying

(14) My grandparents and I enjoyed (　　) dinner at that restaurant last week.

1 have　**2** has　**3** had　**4** having

(15) **A**: (　　) I open the window for you, sir?

B: Yes, please.

1 Shall　**2** Have　**3** Am　**4** Was

答え ▶ 別冊 **p.30**

2 次の(16)から(20)までの会話について，(　　)に入れるのに最も適切なものを**1**，**2**，**3**，**4**の中から一つ選びなさい。

(16) **Father :** Did you have fun at the rock concert yesterday, Kelly?
Daughter : Yes, it was really exciting! (　)

1 I had a great time.　**2** I will get a ticket.
3 It starts at two.　**4** It was very big.

(17) **Wife :** I don't see Tom here. (　)
Husband : He went to the shopping mall to buy some notebooks.

1 When did he leave?　**2** What is it?
3 How was he?　**4** Where did he go?

(18) **Girl 1 :** Who is that girl? (　)
Girl 2 : That is Sachiko. She and Kyoko are sisters.

1 Kyoko is my friend.　**2** She is playing tennis.
3 She really looks like Kyoko.　**4** I met her in the park.

(19) **Boy :** How did Fred make this machine?
Girl : (　) Let's ask him tomorrow!

1 At 5:30.　**2** I have no idea.
3 He was at home.　**4** Two days ago.

(20) **Man :** Excuse me. Is there a post office near here?
Woman : Yes, (　).

1 it is a very big one　**2** I am looking for it
3 it is just around the corner　**4** I want to send a letter

3

次の(21)から(25)までの日本語文の意味を表すように①から⑤までを並べかえて□の中に入れなさい。そして，２番目と４番目にくるものの最も適切な組み合わせを**1**，**2**，**3**，**4**の中から一つ選びなさい。※ただし，(　　　)の中では，文のはじめにくる語も小文字になっています。

---

(21) そのテニス部で一番上手な選手は誰ですか。

(① player　② the　③ is　④ who　⑤ best)

□ □ □ □ □ in the tennis club?

1 ①－②　**2** ③－⑤　**3** ④－③　**4** ⑤－①

(22) 私はネクタイを探さなくてはなりません。

(① to　② for　③ look　④ have　⑤ my)

I □ □ □ □ □ tie.

1 ①－②　**2** ②－③　**3** ③－①　**4** ④－⑤

(23) カレンはピアノを弾くのが得意です。

(① is　② playing　③ good　④ the　⑤ at)

Karen □ □ □ □ □ piano.

1 ①－③　**2** ①－⑤　**3** ③－②　**4** ④－②

(24) ご飯をもう少しいかがですか。

(① rice　② you　③ would　④ some more　⑤ like)

□ □ □ □ □ ?

1 ②－④　**2** ③－⑤　**3** ④－①　**4** ⑤－③

(25) 私の父は７時から８時の間に家を出ます。

(① seven　② eight　③ home　④ and　⑤ between)

My father leaves □ □ □ □ □ o'clock.

1 ①－②　**2** ②－①　**3** ④－③　**4** ⑤－④

答え ▶ 別冊 **p.31**

次の掲示の内容に関して，(26)から(27)の質問に対する答えとして最も適切なもの，または文を完成させるのに最も適切なものを**1**，**2**，**3**，**4**の中から一つ選びなさい。

Opening Sale

Stanley's Cafe will have an opening sale from October 25 to November 5.

Hours: 8 a.m. to 7 p.m.

All dishes are only $5 each!
If you buy a coffee, you'll get another one free!
And we will give you our special cake as a present until October 30!

We have many kinds of soup and dessert, too!
Don't miss this sale!

(26) When will the sale start?

1 On October 25.
2 On October 30.
3 On November 30.
4 On November 5.

(27) People will get a free coffee when they

1 buy the café's special cake.
2 buy some dessert.
3 buy some soup.
4 buy a coffee.

次のEメールの内容に関して，(28) から (30) までの質問に対する答えとして最も適切なものを**1**，**2**，**3**，**4**の中から一つ選びなさい。

From: Koji Oda
To: Sam O'Connell
Date: August 12
Subject: The summer festival

Hi Sam,
Are you free this Saturday? I am going to go to the city's summer festival with my friend Yumiko. Can you come with us? We can see a lot of fireworks! It'll start at 8 p.m. We'll leave for the festival together at 5 p.m. And we are going to bring some money to get some food at the food stands*!
I hope you can come,
Koji

From: Sam O'Connell
To: Koji Oda
Date: August 13
Subject: Thanks

Hi Koji,
Thanks for inviting me. I'd love to go, but I have a language lesson until 6 p.m. After that I'm going to have dinner with my classmates. So, I'll join you at 7 p.m. I really want to see the fireworks! I'm going to bring a camera and take pictures!
See you then,
Sam

*stand：屋台

答え ▶ 別冊 **p.31～32**

(28) On Saturday, Koji is going to

1 look for Yumiko at the festival.

2 have dinner with Sam.

3 take pictures of the fireworks.

4 buy something to eat at the festival.

(29) What is Sam going to bring to the summer festival?

1 Some money.

2 Some food.

3 A camera.

4 Pictures.

(30) What time will Koji and Sam see each other?

1 At 8 p.m.

2 At 5 p.m.

3 At 6 p.m.

4 At 7 p.m.

4 C 次の文章の内容に関して，（31）から（35）までの質問に対する答えとして最も適切なものを**1**，**2**，**3**，**4**の中から一つ選びなさい。

Best Friends

John and Sarah are best friends. They practice tennis together every Saturday after lunch. They usually start practice at 2 o'clock and end at 6 o'clock. Sarah enjoys practicing with John.

First, Sarah and John went to a restaurant and ate pasta for lunch. John told Sarah, "My favorite food is pasta." Sarah looked very excited. She said, "My favorite food is pasta, too!" They finished lunch in one hour. John paid for his lunch and Sarah's lunch.

After lunch, John and Sarah went to the tennis court. They practiced for four hours. John helped Sarah improve her skill. At the end of practice, Sarah thanked John for helping her. She wants to be good at tennis, so she is excited for next week's practice.

答え ▶ 別冊 **p.32～33**

(31) Why do John and Sarah meet every Saturday?

1 To practice tennis.
2 To go shopping.
3 To go to the movies.
4 To do homework.

---

(32) What did John and Sarah do first?

1 They went to the park.
2 They practiced tennis.
3 They went to the movies.
4 They ate lunch.

---

(33) How did Sarah feel when John told her his favorite food?

1 Confused.
2 Mad.
3 Excited.
4 Lonely.

---

(34) Who did John pay for?

1 John and Sarah.
2 John only.
3 Sarah only.
4 No one.

---

(35) Why did Sarah thank John at the tennis court?

1 John took Sarah to the tennis court.
2 John helped her improve her skill.
3 John paid for Sarah's lunch.
4 John was Sarah's best friend.

Listening Test

4級リスニングテストについて

❶ このリスニングテストには，第1部から第3部まであります。
★英文は2回読まれます。

第1部	イラストを参考にしながら対話と応答を聞き，最も適切な応答を**1** ～ **3**の中から一つ選びなさい。
第2部	対話と質問を聞き，その答えとして最も適切なものを**1** ～ **4**の中から一つ選びなさい。
第3部	対話と質問を聞き，その答えとして最も適切なものを**1** ～ **4**の中から一つ選びなさい。

❷ No. 30のあと，10秒すると試験終了の合図がありますので，
筆記用具を置いてください。

第1部

No. 1

1
2
3

No. 2

1
2
3

No. 3

1
2
3

No. 4

1
2
3

答え ▶ 別冊 **p.32～34**

No. 5

1
2
3

No. 6

1
2
3

No. 7

1
2
3

No. 8

1
2
3

No. 9

1
2
3

No. 10

1
2
3

第2部

No. 11

1 Fiona.
2 Fred.
3 Their teacher.
4 Fiona's Dad.

No. 12

1 A baseball game.
2 An English speech.
3 A science test.
4 A PE test.

No. 13

1 Aden.
2 Emma.
3 Their Mom.
4 Their Dad.

No. 14

1 4:00 p.m.
2 5:00 p.m.
3 6:00 p.m.
4 7:00 p.m.

No. 15

1 Because he did his homework.
2 Because he played a video game.
3 Because he didn't sleep well.
4 Because he ate a big dinner.

No. 16

1 5 minutes.
2 15 minutes.
3 30 minutes.
4 40 minutes.

No. 17

1 He didn't give her anything.
2 One piece.
3 Two pieces.
4 Three pieces.

No. 18

1 After she takes a bath.
2 Before she plays soccer.
3 After she has dinner.
4 Before she has dinner.

No. 19

1 She will take the bus.
2 She will take the train.
3 She will go there on foot.
4 She will borrow a bicycle.

No. 20

1 She is sad.
2 She is tired.
3 She is sleepy.
4 She is good.

答え ▶ 別冊 p.34～36

第３部

No. 21

1 A restaurant.
2 A hotel.
3 An amusement park.
4 A game center.

No. 22

1 Two.
2 Three.
3 Four.
4 Five.

No. 23

1 Because that movie was interesting.
2 Because he was tired.
3 Because three movies are too many.
4 Because he didn't have time.

No. 24

1 Bring their textbooks.
2 Study science.
3 Think of some questions.
4 Write sentences in their notebooks.

No. 25

1 Coffee.
2 Strawberries.
3 Milk.
4 Tea.

No. 26

1 Kelly.
2 Bob.
3 The boy.
4 A Japanese girl.

No. 27

1 Throw a ball.
2 Paint a picture.
3 Bring a newspaper.
4 Go to school.

No. 28

1 The gym.
2 A park.
3 School.
4 Her house.

No. 29

1 Swimming in the river.
2 Watching the river.
3 Spending time at her house.
4 Talking with her brother.

No. 30

1 A nurse.
2 A doctor.
3 An actress.
4 A farmer.

答え▶別冊 **p.37～38**

取りはずしてご使用ください。

よく出る順で ホントにわかる 英検® 4級

答えと解説

新興出版社 shinko publishing

P12～13 よく出る名詞①～⑮

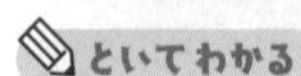

(1) **3** (2) **2** (3) **1**
(4) **4** (5) **2** (6) **1**

解説

(1) ここでのoneはbagを指している。
訳　私はあのかばんよりこのかばんが好きだ。
1「それ」, **2**「バッグ」, **4**「こと」
(2) The rain stopped in the morning「朝に雨が止んだ」という内容から答えを考える。
訳　朝に雨が止んだから，私と弟は公園で遊んだ。
1「図書館」, **3**「レストラン」, **4**「学校」
(3) 訳　友人は明日泳ぎに行く予定だ。
2「1時間」, **3**「昨日」, **4**「最後」
(4) 訳　寿司は日本の伝統的な食事だ。
1「オーストラリア」, **2**「中国」, **3**「メキシコ」
(5) 訳　私たちは毎月祖父母を訪ねる。
1「昨日」, **3**「世界」, **4**「国」
(6) 訳　昨日は天気が良かったので，私は新しい遊園地へ行った。
2「明日」, **3**「今夜」, **4**「朝」

P14～15 よく出る名詞⑯～㉙

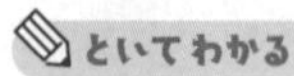

(1) **3** (2) **2** (3) **4**
(4) **1** (5) **3** (6) **4**

解説

(1) just a minute「ちょっと待ってください」は決まり文句として覚える。
訳　A：こんにちは，マイクです。ピーターはいますか？
　　B：ちょっと待ってね。連れてくるよ。
1「時間」, **2**「1時間」, **4**「年」
(2) 訳　私の友人たちは皆，私のパーティーで楽しい時間を過ごした。
1「写真」, **3**「箱」, **4**「休暇」
(3) 訳　私の父は昨晩野球の試合をテレビで見た。
1「(～の) 学科」, **2**「練習」, **3**「クラブ，部」
(4) 訳　A：夏の予定は何？
　　B：家族と一緒にアメリカへ旅行し，観光をしたり，ショッピングをしたりするんだ。
2「報告」, **3**「プール」, **4**「ラジオ」
(5) 訳　彼女は写真を撮るのが大好きなので，毎週海に行き写真を撮る。
1「宿題」, **2**「車」, **4**「スポーツ」
(6) 訳　私の好きなレストランはメニューの種類が多い。
1「犬」, **2**「自転車」, **3**「部屋」

P16～17 よく出る名詞㉚～㊸

といてわかる

(1) **1** (2) **3** (3) **2**
(4) **4** (5) **2** (6) **3**

解説

(1) 訳　A：楽しい週末を過ごしましたか？
　　B：はい。私はコンサートに行って楽しみました。
2「本」, **3**「ドア」, **4**「電車」
(2) 訳　今週末のサッカー観戦のチケットを2枚手に入れることができた。
1「科目」, **2**「花」, **4**「食事」
(3) turn on ～には「(テレビなどを) つける」という意味の他に「～の方を向く」という意味もある。
訳　彼は会社に着くと，まずパソコンを立ち上げる。
1「夢」, **3**「空」, **4**「芸術」
(4) 訳　A：何時に駅に着きますか？迎えに行きます。
　　B：9時に着きます。
1「紙」, **2**「制服」, **3**「動物」
(5) 訳　私はたくさんの種類の動物を見ることができるので，動物園へ行くのが好きだ。
1「一部，部分」, **3**「一員，メンバー」, **4**「大きさ，サイズ」
(6) 訳　A：太郎，今日はどこで電車を降りるの？
　　B：次の駅で降りるよ。
1「中央」, **2**「祭り」, **4**「銀行」

P18～19 よく出る名詞㊹～㊻

といてわかる

(1) **4** (2) **3** (3) **2**
(4) **1** (5) **3** (6) **1**

解説

(1) 訳　マリは毎日，祖父母と電話で話している。
1「家」, **2**「世界」, **3**「方法」
(2) 訳　私の故郷は，見るべき美しい場所がたくさんあ
1「答え」, **2**「季節」, **4**「歌」

(3) have no idea「まったく分からない」は頻出表現。
訳　A：私はジョージと話す必要があります。彼は今どこですか？
　　B：私にはまったく分かりません。
1「友だち」，**3**「人」，**4**「生活」
(4) 訳　兄は学校の野球部に所属しているので，野球がとても上手だ。
2「贈答品」，**3**「時間」，**4**「腕」
(5) have a good [great] time「楽しい時間を過ごす」は頻出なので覚えよう。
訳　ユミは昼食を取るために友達とカフェテリアへ行き，楽しい時間を過ごした。
1「理髪店」，**2**「休日」，**4**「シャワー」
(6) 訳　A：あなたの趣味は何ですか，ケビン？
　　B：私の趣味はピアノを弾くことです。私はそれを毎日弾きます。
2「音楽」，**3**「現在」，**4**「住所」

P20～21 よく出る名詞 ㊼～㊾

とい て わかる

(1) **1**　(2) **2**　(3) **4**
(4) **1**　(5) **3**　(6) **3**

解説
(1) 訳　私は普段，フランス語を勉強するときは辞書を使う。
2「歴史」，**3**「こうもり」，**4**「文化」
(2) I'm coming.「今行きます。」は会話文の頻出表現。
訳　A：ボブ，テレビゲームをするのを止めて，お皿を洗って。
　　B：分かったよ母さん。今行く。
1「ぼうし」，**3**「手紙」，**4**「映画」
(3) 訳　私は音楽がとても好きで，一日中聴いているので生活の一部になっている。
1「例」，**2**「全て」，**3**「希望」
(4) 訳　息子は夏休み中に理科の授業でレポートを書かなければならない。
2「物語」，**3**「かさ」，**4**「道」
(5) 訳　A：あなたのお気に入りの本は何ですか？
　　B：私は話がとても面白いから，この本が好きです。
1「ベッド」，**2**「じょうぎ」，**4**「試験」
(6) 訳　新学期に向けて，新しい制服を注文した。
1「科目」，**2**「医者」，**4**「時間」

P22～23 確認のテスト①

❶ (1) **4**　(2) **3**　(3) **4**
(4) **1**　(5) **4**　(6) **4**

解説
(1) 訳　A：好きな科目は何ですか？
　　B：数学と理科です。
1「スポーツ」，**2**「歌」，**3**「くつ」
(2) BがI think it's May 7th.「5月7日だと思います。」と答えていることから，「日」を尋ねていると分かる。
訳　A：次の試合の日は何日ですか？
　　B：5月7日だと思います。
1「年」，**2**「週」，**4**「時間」
(3) 訳　今日の夕方に両親が出かけるので，弟たちの面倒を見なければならない。
1「先生」，**2**「友だち」，**3**「クラスメイト」
(4) look for ～「～を探す」はよく出題される表現。to return some books「数冊の本を返しに」という表現から考える。
訳　A：私はサリーを探しています。
　　B：彼女は図書館に本を返しに行きました。
2「体育館」，**3**「プール」，**4**「コンサート」
(5) 訳　この前の理科のテストは点数が悪かったので，明日に向けてもっと勉強しなければならない。
1「地図」，**2**「映画」，**3**「本」
(6) 訳　A：お願いしてもいいかな。
　　B：ごめんなさい，これからバスケットボールの練習があるんだ。
1「問題」，**2**「選手」，**3**「飲み物」

❷ (1) **2**　(2) **3**　(3) **4**
(4) **1**　(5) **2**　(6) **2**

解説
(1) 訳　A：明日天気がよければ，ピクニックに行こうよ。
　　B：それはいい考えだね。
1「問題」，**3**「季節」，**4**「食べ物」
(2) be in hospitalで「入院している」という意味。I'm sorry to hear that.は「それはお気の毒に。」という表現で，会話文などでよく使われる。
訳　A：すみません，祖父のための花がほしいのですが。彼は足を骨折して入院しています。
　　B：それはお気の毒に。
1「キャンプ」，**2**「駅」，**4**「チーム」
(3) 訳　A：映画の後，デパートで買い物をしたいんですが，大丈夫？

B：もちろん。
1「運転」，2「散歩」，3「仕事」
⑷ 訳　A：この近くにスポーツジムはありますか？
B：駅の近くにありますよ。母はそこでヨガを習っています。
2「映画館」，3「図書館」，4「レストラン」
⑸ 訳　A：しまった。雨が降ってきた。
B：この傘を使っていいよ。もう一本持っているんだ。
A：ありがとう。
1「タオル」，3「バッグ」，4「カップ」
⑹ when I have timeは「時間があるときに」という意味の表現。
訳　A：私は時間があるときに釣りに行きます。
B：私もです。家の近くの川によく釣りに行きます。
1「カフェテリア」，3「スーパー」，4「テント」

P26～27 よく出る動詞 ①～⑬

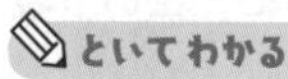

⑴ 4　⑵ 2　⑶ 2
⑷ 2　⑸ 4　⑹ 2　⑺ 1

解説
⑴ 訳　A：明日は何をする予定なの？
B：明日は友達と泳ぎに行くんだ。
1「食べる」，2「言う」，3「取る」
⑵ 訳　昨日の夕食に家族とビーフシチューを食べた。
1「知った」，3「話した」，4「止まった」
⑶ 訳　インターネットを利用すれば，すぐに情報を得ることができる。
1「～を考える」，3「来る」，4「話す」
⑷ 訳　私は歌うことが好きなので，将来は歌手になりたい。
1「～になる」，3「出会う」，4「始める」
⑸ take walksは複数回の散歩を表す。1回の散歩であればtake a walkとなる。
訳　私の祖父は暇な時間にその公園に散歩に行く。
1「教える」，2「運転する」，3「分かる」
⑹ 訳　たくさんの異なる場所を訪れることができるので，私は海外を旅行するのが好きだ。
1「助ける」，3「待つ」，4「建てる」
⑺ 訳　A：友達と楽しい時間を過ごした，リンダ？
B：ええ。体育館でバレーボールをしたの。
2「尋ねた」，3「目覚めた」，4「住んでいた」

P28～29 よく出る動詞 ⑭～㉖

といてわかる

⑴ 2　⑵ 3　⑶ 3
⑷ 4　⑸ 4　⑹ 3

解説
⑴ 訳　私が台所に行くと，母は箱を見ていた。
1「買っている」，3「読んでいる」，4「作っている」
⑵ 訳　昨日家に帰ったら，兄がテレビを見ていた。
1「～に加わっている」，2「乗っている」，4「聞いている」
⑶ Bのhave to ～ for tomorrow's test「明日のテストのために～しなければいけない」という内容から考える。
訳　A：スティーブン，放課後一緒にサッカーしようよ！
B：ごめん，できないんだ。明日のテストのために勉強しなきゃいけないんだ。
1「愛する」，2「運ぶ」，4「使う」
⑷ 訳　私は来週の英語の授業で，いくつかの質問をしようと思っている。
1「～を描く」，2「～を遅くする」，3「～を訪れる」
⑸ sports festivalは「運動会」のこと。
訳　先生は授業で運動会について話した。
1「動いた」，2「～を持ってきた」，bring about ～で「～を引き起こす」，3「送った」
⑹ 訳　昨日，カメラをなくしてしまったので，友達に探すのを手伝ってもらうよう頼んだ。
1「会う」，2「なくす」，4「掃除する」

P30～31 よく出る動詞 ㉗～㊳

といてわかる

⑴ 3　⑵ 4　⑶ 2
⑷ 2　⑸ 1　⑹ 2

解説
⑴ 同じ「話す」という意味のtellとspeakの使い分けに注意。相手がいる会話の場合はtell，単に言葉を発するという場合はspeakを使う。
訳　デイブは中国語と英語の2カ国語を話すことができる。
1「働く」，2「話す」，4「取る」
⑵ 訳　先週の日曜日，午前8時からサッカーの練習が始まった。

1「プレイした」，2「取った」，3「した」
(3) 訳　私は学校で友達と話すのを楽しむ。
1「欲しい」，3「読む」，4「必要とする」
(4) 訳　妹は毎週土曜日にピアノを習っている。
1「～を作る」，3「～を始める」，4「～を持つ」
(5) 訳　ある男性が空港までの道を知りたがっている。
2「～を好む」，3「～を助ける」，4「来る」
(6) 空所の後のthe party at 7:00「7時にパーティーを」という内容から適切な答えを考える。
訳　マイクは昨日午後7時にパーティーを出発した。
1「～に迷った」，3「眠った」，4「～を感じた」

P32～33 確認のテスト②

❶(1) 2　(2) 2　(3) 3
(4) 2　(5) 4　(6) 4

解説

(1) lostは「道に迷った」という意味。Aは2回目の発言で「小さな公園がある」と言っているので，Bは「そこから何が見える？」と尋ねたと分かる。
訳　A：やあ，マイク。私は迷子になってしまいました。
　　B：うーん，そこから何が見えますか？
　　A：小さな公園があります。
1「遊ぶ」，3「聞く」，4「見る」
(2) 訳　先生は生徒たちに挨拶をして教科書を開き，授業を始めた。
1「止まった」，3「使った」，4「待った」
(3) 訳　A：そのドレスはとても似合ってるよ。新しいの？
　　B：ええ，先週デパートで買ったんだ。
1「売った」，2「取った」，4「遊んだ」
(4) how about -ingは「～するのはどう？」という意味で，控えめに誘う時に使われる。supperは「夕食」という意味。
訳　A：私は満腹です。お昼ご飯を食べ過ぎました。
　　B：それじゃあ，夕食の前に散歩に行くのはどう？
1「行った」，3「した」，4「電話をかけた」
(5) 訳　A：犬にチョコレートを与えないでください。チョコレートは犬にとって良いものではありません。
　　B：ああ，すみません。知りませんでした。
1「～に話す」，2「～を描く」，3「～が欲しい」
(6) 訳　この夏，スペインにいるいとこを訪ねたいと思っている。彼女は今，そこでスペイン語を勉強している。
1「行く」，2「送る」，3「走る」

❷(1) 3　(2) 3　(3) 1
(4) 2　(5) 3　(6) 3

解説

(1) Can you ～?は「～してくれませんか？」，Can I ～?は「～してもいいですか？」を尋ねる表現。
訳　A：私たちは明日バーベキューをする予定なんだ。あなたも来ませんか？
　　B：ありがとう。妹を連れて行ってもいいかな？
　　A：もちろん。
1「～を費やす」，2「～を送る」，4「～を受け取る」
(2) 訳　A：そこにあなたの名前と住所を書いてください。
　　B：ここですか？
　　A：そうです，この四角の中です。
1「～を塗る」，2「～を歌う」，4「～を考える」
(3) Bの発言にあるdid you?は相づちの意味で「そうなんだ」という意味です。
訳　A：私は今朝バス停でジョンに会いました。
　　B：へぇ，そうなんだ。彼はどうでしたか？
2「～を開けた」，3「～を作った」，4「～を食べた」
(4) Bの発言にあるa little longerは「あともう少し」という意味。それに続けてCan we have lunch together?「一緒にお昼ご飯を食べませんか？」と言っていることから，「もう少しいてくれませんか」と頼んでいると分かる。
訳　A：もうお昼ですね。私は帰らないといけません。
　　B：もう少しいてくれませんか？一緒にお昼ご飯を食べませんか？
1「案内する」，3「～を見せる」，4「～を作る」
(5) 訳　A：この部屋には椅子が5つあります。あと3つ必要です。
　　B：わかりました。隣の部屋から持ってきます。
1「～を見る」，2「～を見せる」，4「心配する」
(6) 訳　A：リサ，何を読んでるの？
　　B：科学者についての本だよ。とても面白いの。
1「聞いている」，2「洗っている」，4「料理をしている」

P36～37 よく出る形容詞①～⑫

といてわかる

(1) 1　(2) 2　(3) 2
(4) 4　(5) 1　(6) 4

解説

(1) 訳　私の母はいつも忙しいが，毎日食事を作ってくれる。

2「次の」，3「最後の」，4「多くの」
⑵ 訳　私とジャックは昨日の彼の誕生日パーティーで仲良くなった。
1「注意深い」，3「重い」，4「静かな」
⑶ soは「(理由)，so (結果)」という語順で「だから，それで」という意味になる。似た意味を表すbecauseは「(結果) because (理由)」の語順になることも覚えておこう。
訳　昨夜は父が早く帰ってきたので，一緒にドラマを観た。
1「新しい」，3「好きな」，4「うれしい」
⑷ manyは「数」，muchは「量・程度」が多いときに使う。
訳　しなければならないことがたくさんあるので，今日はきつい一日になりそうだ。
1「健康な」，2「便利な」，3「若い」
⑸ 訳　A：好きな科目は何ですか？
　　　B：私にとって，面白いから歴史が好きです。
2「一番高い」，3「柔らかい」，4「長い」
⑹ 訳　私はピアノのコンサートに遅れたくなかったので，早く家を出た。
1「古い」，2「美しい」，3「暖かい」

P38～39 よく出る形容詞⑬～㉔

といてわかる

⑴ 1　⑵ 4　⑶ 1
⑷ 3　⑸ 4　⑹ 1

解説
⑴ 訳　マリコは大学で一生懸命勉強し，英語の先生になった。
2「雨の」，3「高い」，4「病気の」
⑵ 訳　その庭は花でいっぱいなので美しい。
1「早い」，2「空腹な」，3「奇妙な」
⑶ 訳　A：学校に遅刻しそうだよ。さあ行こう。
　　　B：ちょっと待って。まだ準備できてないんだ。
2「大きい」，3「忙しい」，4「きれいな」
⑷ 訳　A：トム，今週末は忙しい？
　　　B：そうだね，授業に行かなくてはならないんだ。
1「貧しい」，2「短い」，4「良い」
⑸ 出題文にあるtravelは「旅行」の意味の名詞ではなく，「旅行する」という意味の動詞で使われている。
訳　マイクは毎年違う国に旅行する。
1「難しい」，2「遅い」，3「重い」
⑹「家に帰る」という表現に注意する。go homeは「家に向かって出発する」，come［get］homeは「家に着く」という意味になる。
訳　ジョンはとても疲れていたので，昨日は早く家に帰った。
2「有名な」，3「長い」，4「注意深い」

P40～41 よく出る副詞①～⑬

とい てわかる

⑴ 3　⑵ 1　⑶ 2
⑷ 2　⑸ 4　⑹ 2

解説
⑴ Can you help me with ～?は「私の～を手伝ってもらえませんか？」という意味で頻出の表現。
訳　A：数学の宿題を手伝ってくれない，父さん？
　　B：もちろん。夕食の後に手伝うよ。
1「ぜひとも」，2「もしかすると」，4「申し訳なく思って」
⑵ 訳　A：あの日本食レストランの食事はどうだった？
　　　B：とてもおいしかったよ。気に入りました。
2「前に」，3「熱心に」，4「そうではない」
⑶ 訳　A：今，何をしているの？
　　　B：花の絵を描いています。
1「すぐに」，3「上手に」，4「まだ」
⑷ 訳　英語を話すのは難しいので，あまり好きではない。
1「もっと」，3「最も」，4「これ以上（～しない）」
⑸ 訳　サトミはテニスを一生懸命練習したので，試合ではうまくいった。
1「いっしょに」，2「前に」，3「一度」
⑹ How ～?の表現を整理する。期間を尋ねる「How long ～?」，値段を尋ねる「How much ～?」，数を尋ねる（数えられるもの）「How many ～?」，（数えられないもの）「How much ～?」などがある。How often ～?は頻度を尋ねる表現。
訳　A：あなたは祖父母の家にどのくらい滞在するのですか？
　　B：一週間です。
1「しばしば」，3「速く」，4「とても」

P42～43 よく出るその他の品詞

とい てわかる

⑴ 2　⑵ 1　⑶ 3
⑷ 1　⑸ 4　⑹ 2

解説

(1)《方向・到達点》を表すtoが正解。出発点を表すにはfromを使う。

訳　メアリーは昨年の夏メキシコに旅行したが，今年の夏は家にいるだろう。

1「《出発点》～から」，**3**「《所有・所属》～の」，**4**「《場所など》～に」

(2) 訳　A：今朝はどこにいたの？
　　　B：今朝は図書館で勉強してたよ。

2「～のために」，**3**「～の上に」，**4**「～の」

(3) 訳　ショッピングモールの中に映画館があるので，家族で買い物の後によく映画を見る。

1「～の上に」，**2**「～と一緒に」，**4**「～に」

(4) 訳　母の誕生日に大きなケーキとプレゼントを買った。

2「～の近くで」，**3**「～について」，**4**「～のように」

(5) 訳　午後から雨が降るので，学校へ傘を持っていったほうがいい。

1「～することができない」，**2**「～するつもりだ」，**3**「～するつもりはない」

(6) many kinds of ～「たくさんの種類の～」は頻出の表現。

訳　この山にはたくさんの種類の鳥がいるので私をわくわくさせる。

1「～の中へ」，**3**「～によって」，**4**「～の下に」

P44～45 確認のテスト③

❶ (1) **4**　(2) **2**　(3) **3**
　(4) **4**　(5) **3**　(6) **2**

解説

(1) 訳　A：ベンは私の最初の犬です。ジョンは2匹目です。
　　　B：ええ，何匹犬を飼っているの？

1「速い」，**2**「左の」，**3**「道に迷った」

(2) 訳　A：飲み物がもっと必要だね。
　　　B：そうだね。買ってくるよ。

1「たくさんの」，**3**「わずかの」，**4**「小さい」

(3) look＋形容詞で「～に見える」という意味になる。似た形でfeel＋形容詞は「～と感じる」という意味。

訳　A：ジェーンはとてもうれしそうに見えます。
　　B：彼女は誕生日に可愛い犬をもらったんだ。

1「短い」，**2**「悲しい」，**4**「眠い」

(4) 訳　A：彼女は素晴らしい歌手だね。
　　　B：その通りですね。私は彼女の美しい声が大好きです。

1「悲しい」，**2**「貧しい」，**3**「晴れた」

(5) 訳　アリスは私の特別な友達だ。彼女には何でも話せる。

1「遅い」，**2**「難しい」，**4**「明るい」

(6) Bの発言でAnne is very friendly「アンはとても人懐っこい」，Lynne is shy「リンは恥ずかしがり屋」と正反対の性格を述べていることに注意。

訳　A：アンは彼女の妹のリンとはとても違いますよね？
　　B：はい，アンはとても人懐っこく，リンは恥ずかしがり屋です。

1「親切な」，**3**「簡単な」，**4**「同じ」

❷ (1) **1**　(2) **4**　(3) **4**
　(4) **4**　(5) **1**　(6) **4**

解説

(1) 訳　日本語は漢字，ひらがな，カタカナがあるので，私には難しい。

2「注意深い」，**3**「大きい」，**4**「重要な」

(2)「1時」というように，ある時刻を表す時には「～o' clock」を使う。

訳　A：普段あなたは何時に起きますか。
　　B：私はだいたい7時に起きます。

1「時間」，**2**「朝」，**3**「1時間」

(3) 訳　A：このラーメンはどうですか？
　　　B：とてもおいしいです。大好きです。

1「ほとんど」，**2**「ふつうは」，**3**「すでに」

(4) look backは「振り返って見る」という意味。

訳　A：アンディー，振り返って見てよ。大きな虹が空に架かっているよ。
　　B：本当だ，きれいだね。

1「下に」，**2**「低く」，**3**「～の中に」

(5) 訳　妹と一緒に映画を見に行きたいが，妹はとても忙しい。

2「～の下に」，**3**「～によって」，**4**「～の上の」

(6) 訳　A：何かスポーツをするの？
　　　B：サッカーをするよ。好きだけど，上手くはないんだ。

1「～か…」，**2**「もし～なら」，**3**「いつ」

P48～49 よく出る熟語①～⑩

といてわかる

(1) **1**　(2) **1**　(3) **4**
(4) **2**　(5) **1**　(6) **4**

解説

(1) 訳　A：休みには何をしたい？

　　B：ビーチに行きたいな。
2「見る」，**3**「あそぶ」，**4**「～を保つ」
⑵ 空所の前がIt' s rainy「雨が降っている」，空所の後がthat we cannot go on a picnic「ピクニックに行けない」という意味なので，「～だ，その結果…だ」という意味を表すsoが正解。
訳　雨が降っているので，私たちはピクニックに行けない。
2「上へ」，**3**「同様に」，**4**「離れて」
⑶ 訳　私は今週末美術館に行く予定だ。
1「～している」，**2**「存在している」，**3**「～になりかけている」
⑷ have to *do*で「～しなければならない」という意味。
訳　A：あなたは何をしているのですか？
　　B：私は宿題をしています。明日までにそれをしなければなりません。
1「～を忘れる」，**3**「～を作る」，**4**「来る」
⑸ 訳　A：あなたの弟がたくさんの本を持っているね。
　　B：彼を助けてあげよう。
2「～のために」，**3**「～へ」，**4**「～の中へ」
⑹ 訳　ジュリアはピアノを弾くのが好きだ。
1「～に」，**2**「～の上に」，**3**「～のように」

P50～51 よく出る熟語 ⑪～⑳

といてわかる

⑴ **4**　⑵ **2**　⑶ **2**
⑷ **3**　⑸ **3**　⑹ **2**

解説
⑴ 訳　A：あの背の高い男性を見て。彼を知ってる？
　　B：うん。彼はホワイト先生で，数学の先生だよ。
1「～を聞く」，**2**「～を見つける」，**3**「～を持っている」
⑵ ここで出てくるlivingは「生計」という意味の名詞。a kind of ～は「～のような」という意味。
訳　A：あなたは生計を立てるために何をしていますか？
　　B：私は家庭教師のようなことをしています。
1「場所」，**3**「選手」，**4**「グループ」
⑶ 訳　A：大阪駅への行き方を教えてください。
　　B：この通りをまっすぐ行って，右に曲がって。
1「～を訪れる」，**3**「到着する」，**4**「動く」
⑷ 訳　ブライスは放課後に柔道の練習をしている。
1「～の近くに」，**2**「～から」，**4**「～の中へ」
⑸ 空所の後のa famous hotel「有名なホテル」から正解を考える。stay in [at] ～は「～に滞在する」という意味。
訳　A：修学旅行はどこに行くのですか？
　　B：北海道です。私たちは有名なホテルに滞在します。
1「旅行する」，**2**「～に加わる」，**4**「～を変える」
⑹ 訳　A：何を探しているの？
　　B：お気に入りの本が見つからないんだ。
1「～を見ている」，**3**「～を見せている」，**4**「～を集めている」

P52～53 よく出る熟語 ㉑～㉚

といてわかる

⑴ **4**　⑵ **1**　⑶ **3**
⑷ **3**　⑸ **4**　⑹ **4**

解説
⑴ 訳　A：買い物に行きませんか？
　　B：もちろんだよ。
1「～を訪れる」，**2**「到着する」，**3**「待つ」
⑵ Bの言っているMy pleasure.は「どういたしまして。」という意味の表現。誕生日プレゼントにお礼を言われた返答として使われている。
訳　A：誕生日プレゼントをありがとうございます。
　　B：どういたしまして。
2「～へ」，**3**「～に」，**4**「～の中に」
⑶ AがAre you leaving now?「もう帰るんですか？」と聞いていることと，空所の後にlater「後で」とあることから「(～に) 戻る」という意味のcome back (to ～) が正解だと分かる。
訳　A：もう帰るんですか？
　　B：後で戻ります。
1「一度」，**2**「～の前に」，**4**「前に」
⑷ 訳　A：そろそろ起きる時間だよ，アリー。
　　B：まだ眠くてベッドから出られないんだ。
1「～を感じる」，**2**「言う」，**4**「行く」
⑸ 訳　リリーは宿題を終えた後，韓国のポップミュージックを聴いている。
1「～している」，**2**「～を書いている」，**3**「～を呼んでいる」
⑹ 訳　ルーカスはテニスが得意なので，プロのテニスプレーヤーになりたいと思っている。
1「～のために」，**2**「～のように」，**3**「～へ」

P54〜55 よく出る熟語㉛〜㊵

とい て わかる

(1) **3**　(2) **3**　(3) **1**
(4) **3**　(5) **4**　(6) **2**

解説

(1) AのWhere are you now? It's 9 p.m.「今どこにいるの？もう9時だよ。」という発言に対する返答として適切なのは「家に帰る」という意味のcome home。
訳　A：今どこにいるの？もう9時だよ。
　　B：ごめんなさい，すぐに家に帰ります。
1「〜を見る」，**2**「〜を捕まえる」，**4**「〜を始める」
(2) 訳　A：おなかがすいたね。ランチにしようよ！
　　　B：そうだね。イタリアンはどう？
1「成長する」，**2**「費やす」，**4**「壊す」
(3) 訳　サラは朝から勉強し，夜も勉強し続けた。
2「行った」，**3**「見た」，**4**「〜になった」
(4) 空所の後のyour homework「あなたの宿題」から正解を考える。help A with Bは「AをBで手伝う」という意味。
訳　A：私はあなたの宿題を手伝えますよ。
　　B：ありがとう。
1「壊す」，**2**「〜を見る」，**4**「〜を楽しむ」
(5) 訳　将来，人々はさらにロボットを発展させていくだろう。
1「競技場」，**2**「歴史」，**3**「砂漠」
(6) 訳　A：カナダへの留学を考えています。
　　　B：それはすごいですね。応援しています。
1「〜している」，**3**「言っている」，**4**「〜を見ている」

P56〜57 よく出る熟語㊶〜㊿

とい て わかる

(1) **4**　(2) **2**　(3) **3**
(4) **4**　(5) **1**　(6) **3**

解説

(1) カンマ以下の内容から空所に当てはまるのはOne day「ある日」。downtownは「繁華街」という意味の名詞。One dayは過去形だけでなく，現在形・未来形でも使う。未来形の場合は「いつか」という意味になる。
訳　ある日，オリバーは繁華街に行ったときに友人への贈り物を買った。
1「次の」，**2**「〜の前に」，**3**「〜の後で」
(2) 訳　A：すぐに戻ってくるよ。
　　　B：わかったよ。ここで待ってるね。
1「話している」，**3**「〜を捕まえている」，**4**「〜を過ごしている」
(3) 訳　A：こちらはジャックです。彼はサッカークラブのメンバーです。
　　　B：はじめまして，ジャック。
1「グループ」，**2**「家族」，**4**「村」
(4) 訳　そのイベントでは，軽食や飲み物が無料で提供された。
1「親切な」，**2**「いっぱいの」，**3**「素早い」
(5) 空所の後のto get a driver's license by the end of the year「年末までに運転免許を取る」という内容から正解を考える。hope to *do*は「〜することを望む」という意味。
訳　A：教習所にはどのくらいの期間行くのですか？
　　B：年末までには運転免許を取りたいんだ。
2「〜を尋ねる」，**3**「〜を支払う」，**4**「答える」
(6) 訳　A：このカップはあなたのためのものだよ。気に入るといいのだけど。
　　　B：ありがとう。とても気に入ったよ。
1「いっぱいの」，**2**「離れて」，**4**「〜の周りに」

P58〜59 確認のテスト④

❶ (1) is　(2) old　(3) her　(4) of
❷ (1) **4**　(2) **2**　(3) **3**
❸ (1) You need to read this book.
　(2) We enjoyed skiing.
　(3) She is a little tired.
　(4) When did he arrive at the station?
　(5) Were you late for school?

解説

❶ (1) am，is，areは全てbe動詞で「ある，いる」という意味。
訳　テーブルの下にネコが一匹いる。
　(2) 年齢をいう時は〜 years old「〜歳」。
訳　私の弟［兄］は10歳だ。
big「大きい」，many「たくさんの」
　(3) she「彼女は」，hers「彼女のもの」
訳　ケイトは昨夜夕食の後に宿題をした。
　(4) lots of 〜は「たくさんの〜」という意味。ほぼ同じ意味のa lot of 〜と一緒に覚えておこう。

訳　ケンは本をたくさん持っている。
for「～のために」，in「～の中に」
❷(1) at homeは「在宅して」という意味。
訳　あなたのお母さんは在宅していますか？
1「～へ（の）」，**2**「～の」，**3**「～の上に」
(2) 訳　私の姉はギターをひくことが好きだ。
(3) 訳　今，私に話しかけないで。
1「～を買う」，**2**「～が欲しい」，**4**「～を持っている」
❸(3) a littleは「少し」という意味。littleはaが付かない場合「ほとんどない」という意味になるので注意が必要。

(4) arrive at ～は「～に到着する」という意味。国や地方などさらに広い場所に「到着した」と言いたいときは，arrive in ～が使われる。

P62～63 一般動詞の過去形

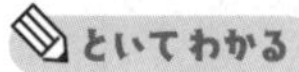

(1) watched　(2) made　(3) came
(4) read　(5) sang　(6) got

解説

(1) 文末にlast nightとあり昨晩したことが，今眠い理由だと分かる。よって，過去形のwatchedが正解。
訳　昨晩遅くまで映画を見ていたので，私は今とても眠い。
(2) 訳　彼は母親のために妹のジルと一緒にクッキーを作った。昨日はお母さんの誕生日だった。
(3) 前半部分がThe train didn't come on time「電車が時間通りに来なかった」と過去形になっていることに注意する。後半部分も時制を揃える必要があるので，過去形のcameを選ぶ。前半部分がcomeとなっているのは，一般動詞の過去形の否定文はdid not [didn't]＋動詞の原形となるから。
訳　電車が時間通りに来なかったので，彼らはパーティーに遅れて来た。
(4) 訳　A：夏休みの間に何か本を読んだ？
　　　B：うん。グレッグの新しい小説を読んだよ。
(5) 訳　A：ビルは先週の金曜日，カラオケで歌ったの？
　　　B：歌ったけど，彼は一曲しか歌わなかったよ。
(6) 訳　A：昨日の夜は楽しくなかったの？
　　　B：いや，そうじゃないんだ。間違えた電車に乗ってしまって，コンサートに遅刻しちゃったんだ。

P64～65 be動詞の過去形

といてわかる

❶(1) **3**　(2) **2**　(3) **2**
❷(1) **4**　(2) **1**　(3) **3**

解説

❶(1) How was ～？は「～はどうだった？」という頻出表現。ここでは昨晩のパーティーについて尋ねている。
訳　A：昨晩のパーティーはどうだった？
　　B：楽しかったよ。
(2) 訳　A：昨日，駅にいた？
　　　B：ええ，いましたよ。
(3) 訳　A：グラスに水は入ってた？
　　　B：いいえ，入っていませんでした。
❷ 各英文は以下のようになる。
(1) Was Tom a fast runner?
(2) I wasn't able to sleep last night.
was not able to ～「～できなかった」という表現に注意する。
(3) Ken and I were late for school yesterday.

P66～67 不定詞①(名詞的用法，副詞的用法)

といてわかる

(1) **3**　(2) **2**　(3) **2**
(4) **1**　(5) **3**　(6) **4**

解説

(1) decide to不定詞は「～することに決める」という意味。～，so ...「～なので…」の訳し方にも注意する。
訳　明日はアンの誕生日なので，私は彼女に花を買うことに決めた。
(2) 訳　A：あなたの趣味は何ですか？
　　　B：趣味は写真を撮ることです。
(3) 訳　彼はあまりに自分勝手なので，一緒に仕事をするのは大変だった。
(4) 訳　A：どうして公園へ行ったの？
　　　B：犬を散歩させるために行きました。
(5) grow up to be ～は「成長して～になる」という意味。in the end「最後には，ついに」という表現も覚えておこう。
訳　その本では，少女は成長してついに美しい女王になった。
(6) 訳　A：必ず彼女にメールを送ってね。

B：わかったよ，来週の土曜日のパーティーのことを伝えておくよ。

P68〜69 比較級

(1) **2**　(2) **1**　(3) **4**
(4) **2**　(5) **2**　(6) **1**

解説

(1) 訳　A：これはあなたの鉛筆ですか，トム？
　　　　B：違うよ。僕の鉛筆の方がそれより長いよ。

(2) 訳　この映画はあの映画より面白い。

(3) 訳　私は毎朝シャワーを浴びるので，妹より早く起きる。

(4) 訳　このコンピューターは私の古いものよりも便利だ。

(5) 比較級の意味を強めて「〜よりずっと…だ」という意味を加えたいときはmuchを比較級の前に入れる。
訳　今日は，昨日よりずっと強く雨が降りそうなので，傘を持ち歩いた方がいい。

(6) more and moreは「ますます」という意味。〈比較級 and 比較級〉の形で「ますます〜」という意味になる。
訳　A：サム，英語の授業はどう？
　　B：英語の授業はだんだん難しくなっているよ。

P70〜71 注意する文型

といてわかる

❶ (1) **2**　(2) **3**　(3) **1**　(4) **1**
❷ (1) **4**　(2) **4**

解説

❶ (1) 訳　A：どうしたの？嬉しそうだね。
　　　　　B：誕生日に新しいテレビゲームを買ってもらったんだ。

(2) look like 〜は「〜のように見える」という意味の頻出表現。(1) にあるlook happy「幸せそうに見える」と一緒に覚えよう。
訳　A：この写真の女の子は誰ですか？本当にあなたに似ているね。
　　B：私の妹のジェーンだよ。みんな私たちが双子だと思うんだ。

(3) 訳　私たちは毎年クリスマスに息子に特別なプレゼントを贈っている。

(4) 訳　オーストラリアに滞在していたとき，日本の家族や友人に絵葉書を送った。

❷ 各英文は以下のようになる。
(1) She showed me her dog.
(2) Can you tell me your name?
Can you 〜?は「〜してくれませんか？」という意味。

P72〜73 be going to 〜, willの文

といてわかる

(1) **2**　(2) **1**　(3) **4**
(4) **4**　(5) **4**　(6) **1**

解説

(1)(4) be going to 動詞の原形は「〜するつもりだ」という未来について表す表現。(4)では主語がMy friend and Iで複数のため，be動詞がareになっている点にも注意しよう。
訳　(1) A：今週末の予定はどうなっているの？
　　　　B：友達と泳ぎに行く予定だよ。
　　(4) 来週，友達と野球をする予定です。

(2) 訳　午後から雪が降るので，コートを持って行った方がいい。

(3) 訳　A：日本にはどのくらい滞在するの，ベス？
　　　　B：日本に１ヶ月滞在する予定です。

(5) ここで出てくるwon'tはwill notの短縮形。未来の否定文では，will not [won't] を動詞の前に入れる。
訳　ジュディは今日具合が悪くなったので，明日は学校に来ないだろう。

(6) 訳　来週の月曜日は雨が降るので，公園で遊ばないつもりだ。

P74〜75「〜しなければならない」の文

といてわかる

❶ (1) **1**　(2) **4**　(3) **1**
❷ (1) **4**　(2) **3**　(3) **1**

解説

❶ (1)〜(3)「〜しなければならない」と言うときは〈must 動詞の原形〉または〈have to 動詞の原形〉の表現を使う。どちらの場合も動詞が原形になる点に注意しよう。
(1) にあるlaboratoryは「実験室」という意味の語。
訳　(1) 実験室を使った後は，鍵をかけなければなりません。

(2) 図書館では静かにしなさい，サラ。みんな勉強しているんだから。

(3) ミサキは夕食後に皿洗いをしなければならない。

❷ 各英文は以下のようになる。

(1) You must not come to school by bike.

(2) We usually don't have to wear uniforms at our school.

not have to ～は「～する必要はない」という意味。must not ～「～してはいけない」との意味の違いに注意しよう。

(3) Did Mike have to wait there for Mr. Collins for 30 minutes?

P76～77 最上級

とけてわかる

(1) 3　(2) 4　(3) 1
(4) 2　(5) 4　(6) 1

解説

(1) 訳　あのビルは市内で一番高い。

(2) つづりが長い語の最上級はmost＋形容詞〔副詞〕で表す。語尾が-estにならないことに注意する。

訳　この本は，5冊の中で一番面白い。

(3) 訳　A：あなたの好きな季節は何？
B：春が一番好き。

(4) (5) 最上級in［of］…「…の中で一番～」という表現を覚えておこう。inは「場所や範囲」，ofは「複数の内容」が後ろにある時に使う。

(4) 訳　ジムは私のクラスで一番足が速い。

(5) 訳　A：どのバッグがあなたのものですか？
B：私のバッグは，3つのうち一番大きいものです。

(6) 訳　彼女は私の親友なので，彼女になら何でも話せる。

P78～79 不定詞②（形容詞的用法）

とけてわかる

❶ (1) 4　(2) 2　(3) 3
❷ (1) 2　(2) 3　(3) 1

解説

❶ (1) 訳　さあ，起きて！もう学校に行く時間だ！

(2) Aの発言にbroken chair「壊れた椅子」とあり，BがI need to find someone to (　　) it.「それを～してくれる人を探したい。」と言っていることから〈to＋動詞の原形〉で**2**が正解と分かる。

訳　A：この壊れた椅子はどうするんですか？
B：ええと，それを修理してくれる人を探す必要があります。

(3) 訳　A：これと，これと，これを買いたいんだけど…。
B：ねぇ，ひとつだけ選んで。私たちは無駄遣いするお金がないんだよ。

❷ 各英文は以下のようになる。

(1) Do you have anything to drink?

anythingは肯定文では「何でも」，否定文では「何も（～ない）」，疑問文では「何か」と意味が変わるので注意が必要。

(2) There are a lot of beautiful castles to see in Japan.

(3) I need someone to help me.

P80～81 There is ～., 命令形

とけてわかる

❶ (1) 3　(2) 4　(3) 2
❷ (1) 2　(2) 1　(3) 4

解説

❶ (1) There is ～.は「～がある」という意味。この文は「～がありますか？」という疑問文になっている。

訳　A：あなたの町にはスタジアムがありますか？
B：はい。私は時々野球の試合を見にスタジアムに行きます。

(2) 訳　テーブルの上に本が置いてある。

(3) 訳　A：気をつけて。そのカップはとても熱いよ。
B：ああ，ありがとう。

❷ 各英文は以下のようになる。

(1) There were no benches in the park.

there are no ～.は「少しの～もない」という意味の表現。

(2) Please count the oranges in the basket.

(3) Don't take pictures in this room.

P82〜83 確認のテスト⑤

❶ (1) came (2) youngest (3) have (4) wasn't
❷ (1) **4** (2) **3** (3) **1**
❸ (1) Do you want to meet her?
(2) They look very busy.
(3) My cap is smaller than yours.
(4) We went to a restaurant to have lunch.
(5) Don't be late.

解説

❶ (1) last monthは「先月」という意味なので，動詞も過去形で合わせる。
訳　ジョーンズさんは先月日本に来た。
(2) 訳　私は家族の中で最も若い。
(3)〈have to＋動詞の原形〉で「〜しなければならない」という意味を表す。
訳　あなたは今すぐそこへ行かなくてはならない。
(4) 訳　昨日は寒くなかった。
❷ (1) 動詞giveの後ろに（人）＋（モノ）を置くことで，「人にモノをあげる」という意味となります。
訳　私は彼にこのTシャツをあげる。
(2) 訳　何か食べるものはありますか。
(3) 訳　木の上に鳥が数羽いる。
❸ (3) モノを他のモノと比較して「〜より小さい」と表現する時，A＋be動詞＋smaller＋than＋Bの形で表す。「あなたのもの」はyoursと代名詞を使う。
(4)「昼食を食べるために」という意味を不定詞の副詞的用法を使ってto have lunchと表現する。

P84〜85 誘う，勧める表現

といてわかる

(1) **3** (2) **4** (3) **1**
(4) **4** (5) **1**

解説

会話と選択肢の意味は以下の通り。
(1) 妻：今日は何もすることがないの。
夫：ドライブに行こうか？
妻：そうね，そうしよう。
1「あなたは私を手伝ってくれますか？」，**2**「明日は晴れるかな？」，**4**「このピザを食べてもいいですか？」
(2) 女の子1：今日の午後，一緒に映画を見に行かない？
女の子2：そうしたいけど，できないの。今日はピアノのレッスンがあるんだ。
1「もちろん，いいわよ。」，**2**「構わないよ。」，**3**「それは残念だね，ケイト。」
(3) 男の子：このアップルパイはおいしいね。
女性：それを聞いて嬉しいわ。パイのおかわりはどう？
男の子：はい，お願いします。
2「何かお手伝いしましょうか？」，**3**「私たちのために朝食を作っていただけませんか？」，**4**「あのレストランで昼食を食べるんですか？」
(4) 男の子1：動物園に行かない？
男の子2：それはいい考えだね。動物を見るのが好きなんだ。
男の子1：僕もだよ。
1「話せてよかった。」，**2**「ご親切にどうも。」，
3「それについては分からないな。」
(5) 男性：何か飲みますか。
女の子：はい。オレンジジュースをください。
2「メガネを探しています。」，**3**「それは私には多すぎるわ。」，**4**「ここに誰かいます。」

P86〜87 許可・依頼・希望する表現

といてわかる

(1) **2** (2) **4** (3) **2**
(4) **4** (5) **1**

解説

会話と選択肢の意味は以下の通り。
(1) 男性：この椅子は僕が作ったんだ。
少年：そうなの？それに座ってもいい？
男性：もちろん。
1「着たほうがいい？」，**3**「知ってた？」，**4**「そこへ連れて行ってくれる？」
(2) 父：ジェーン，今，窓を掃除してくれない？
娘：ちょっと待ってね，お父さん。先に宿題を終わらせたいの。
1「頑張って，」，**2**「私がやるよ，」，**3**「そうだよ，」
(3) 女の子：お砂糖を取ってくれる？
男の子：いいよ。はい，どうぞ。
1「気をつけて。」，**3**「よくできました。」，**4**「あそこだよ。」
(4) 妹：今度の土曜日，あなたのカメラを使ってもいい？
兄：ごめん，使わせてあげられないんだ。今週末はキャンプに行って山の写真を撮るんだ。

1「元気です，ありがとう。」，**2**「今行くよ，サリー。」，**3**「見ているだけです。」
(5) 男の子：僕たちの野球チームは次の日曜日に試合があるんだ。
女の子：勝てるかな？
男の子：そうだといいな。
2「どういたしまして。」，**3**「かっこいいね。」，**4**「あきらめないでね。」

P88～89 疑問詞の質問・回答①

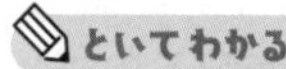

(1) **3**　(2) **4**　(3) **2**
(4) **1**　(5) **4**

解説
会話と選択肢の意味は以下の通り。
(1) 男性：こんにちは。エバンスさんとお話がしたいのですが？
女性：どなたからのお電話でしょうか？
男性：私はジョージ・スミスです。
1「ジャクソンさんはいらっしゃいますか？」，**2**「ご気分はいかがですか？」，**4**「それは誰の電話ですか？」
(2) 男の子：先月はどこにスキーに行ったんですか？
女の子：長野です。私はスキーがとても好きです。
1「冬です。」，**2**「駅までです。」，**3**「１週間です。」
(3) 女の子：そのバンドはいつ日本に来るの？
男の子：来月だよ。彼らのコンサートが楽しみだよ。
1「４週間前。」，**3**「劇場で。」，**4**「飛行機で。」
(4) 先生：このテーブルの上には何も置かないでください。これはだれのかばんですか？
生徒：ケビンのです。
2「この時計はいくらですか？」，**3**「彼の自転車はどこですか？」，**4**「このケーキは誰が作ったんですか？」
(5) 男の子：スピーチコンテストで何を話したらいいかな？
女の子：音楽についてはどう？あなたは歌が上手いからね。
1「なぜ，彼はそう言ったの？」，**2**「そのバンドに何があったの？」，**3**「どちらへ行ったらいいの？」

P90～91 疑問詞の質問・回答②

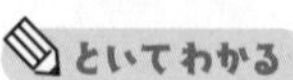

(1) **4**　(2) **4**　(3) **1**
(4) **3**　(5) **3**

解説
会話と選択肢の意味は以下の通り。
(1) 男の子：私たちのバスケットボールチームは今週の土曜日に試合があるんだ。
女の子：試合は何時に始まるの？
男の子：１時半だよ。
1「20分くらいだよ。」，**2**「１日に３回だよ。」，**3**「15ドルだよ。」
(2) 店員：こちらはいかがですか？
男の子：とても素敵ですね。いくらですか？
店員：15ドルです。
1「彼らは何歳ですか？」，**2**「何時ですか？」，**3**「どちらがあなたのですか？」
(3) 男の子：ここから病院までどのくらいかかるかな？
女の子：よくわからないんだ。あの女の人に聞いてみよう。
2「それは大事なことだね。」，**3**「それはいい考えだ。」，**4**「待ちきれないわ。」
(4) 女の子：コンサートは楽しかったわ。
男の子：お兄さんはどんな楽器を演奏したの？
女の子：彼はトランペットを吹いたよ。
1「お姉さんは何曲歌ったの？」，**2**「バンドはどこの国を訪れたの？」，**4**「おじさんはどんな音楽が好きだったの？」
(5) 男の子：私の妹は美術館に行くのが好きです。
女の子：どれくらいの頻度で行っているのですか？
男の子：月に一回ぐらいです。
1「５週間前です。」，**2**「３年間です。」，**4**「去年の夏の間です。」

P92～93 疑問詞の質問・回答③

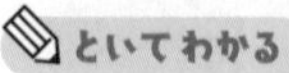

(1) **4**　(2) **1**　(3) **3**
(4) **2**　(5) **4**

解説
会話と選択肢の意味は以下の通り。
(1) 女の子：やあ，ジョン今日の気分はどう？

男の子：とってもいいよ。

1「今何をしているの？」, 2「どうしてそう思うの？」, 3「どこに行くの？」

(2) 男の子：手伝ってくれてありがとう。

女の子：問題ないよ。次は何をするの？

男の子：何もしないよ。

2「それは残念だ。」, 3「失礼します。」, 4「わかりません。」

(3) 母：具合が悪そうね。どうしたの？

息子：寒いんだ。

1「どうして？」, 2「あなたはどう？」, 4「誰からの電話？」

(4) ウェイター：コーヒーはどうされますか。

男性：ミルクと砂糖をお願いします。

ウェイター：かしこまりました。

1「テーブルで,」, 3「バスか電車で,」, 4「3回か4回,」

(5) 生徒：私は英語の勉強が好きです。

先生：それについてどう思いますか？

生徒：役に立つ言語です。

1「どのように使うのですか？」, 2「どんな見た目ですか？」, 3「どのような仕組みですか？」

P94〜95 確認のテスト⑥

(1) 3　(2) 1　(3) 2　(4) 2
(5) 4　(6) 3　(7) 3　(8) 1

解説

(1) Aの質問に対してBは「4500円です。」と金額を答えているので，バッグがいくらかどうかを尋ねるフレーズを入れれば会話が成り立つ。

訳　A：このバッグが気に入りました。いくらですか？
B：4500円です。

1「気に入りましたか？」, 2「どれが気に入りましたか？」, 4「これは誰のバッグですか？」

(2) 訳　A：来月家族と沖縄に行くんだ。
B：いいね！楽しんできてね。

2「見せて。」, 3「初めまして。」, 4「ちょっと待って。」

(3) (It was) nice talking to youは誰かと話し終わった後に，「話せてよかった」,「楽しかった」という表現，Take your time.は「焦らなくて大丈夫だよ。」という意味の決まり文句です。

訳　A：時間を割いてくれてありがとう，ウィルソンさん。
B：話せてよかったよ。またすぐに会いましょう。

1「すみません。」, 3「今時間がないんだ。」, 4「ゆっくりでいいよ。」

(4) 訳　A：このシャツは短すぎるよ。
B：これはどう？より大きいと思うよ。

1「どのくらい大きいの？」, 3「あなたはどうですか？」, 4「どうでしょうか？」

(5) 訳　A：テストはどうだった？
B：少し難しかったよ，でもよくできたよ。

1「算数は好き？」, 2「何の教科を勉強しているの？」, 3「テストはいつ？」

(6) 訳　A：誰がぼくのメガネを壊したの？ネコか子供たち？
B：それについては分からないわ。彼らに聞いてみましょう。

1「彼らは素敵なメガネを持っているわ。」, 2「ここにメガネはなかったわ。」, 4「私たちのネコは5歳よ。」

(7) 電話をかけて名乗る時，または出る時に「This is+名前」を多く使います。電話の時にはI am ~.やMy name is ~.よりも，This isを使うことが多く，「私は〇〇です」「こちらは〇〇です」という意味となります。

訳　A：こんにちは，ケイトです。ジムはいますか。
B：すみませんが，彼は今ミーティング中です。
A：分かりました，後でかけ直します。

1「ここで待ちましょう。」, 2「ケイトと呼んでください。」, 4「間違い電話ですよ。」

(8) 訳　A：映画館へはどのように行きますか。
B：この道に沿って行ってください。右側に見つけられますよ。

2「新しい図書館をどう思いますか？」, 3「買い物に一緒に行きませんか？」, 4「コーヒーをもう少しいただけますか？」

P96〜97 掲示・案内

よんでわかる

（例文の意味）

シェフ，エイミー・ブラウンの料理教室

日付：10月15日（土）／場所：ロブソンストリートのエンデバーホテル

パン作りワークショップ—午前10時〜午後12時

パン作りを学ぶ—パンプキンパイ

参加費—15ドル

クッキングワークショップ—午後2時〜午後4時

料理を学ぶ—ビーフとかぼちゃのラザニア

参加費—30ドル

＊エプロンのみご持参ください。

さらに詳しい情報：ここをクリック

といてわかる

(1) 2　(2) 4

解説

(1) 質問は，「コンサートはいつから始まりますか？」という意味。

1「午前10時から」
2「午後１時から」
3「午後４時から」
4「午後５時から」

(2) 祭りでできることを答える。

1「和食を３ドルで食べられる。」
2「楽器を演奏することができる。」
3「４ドルで緑茶を飲める。」
4「２ドルで漫画を買える。」

（英文の意味）

ジャパン・フェスティバル
日時：10月12日～15日，午前10時～午後５時
場所：グリーンヒル・パーク
内容
・様々な和食—全ての食べ物は４ドルです。
・無料のコンサート—日本の歌を聴くことができます。
・日本の古い漫画—どの本も１冊２ドルで買えます。
＊コンサートは午後１時～午後４時です。
＊無料の緑茶を１本もらえます。

P98～99 Eメール

よんでわかる

（例文の意味）

送信者：デビッド・ミラー
宛先：リンダ・ウォーカー
日付：7月18日
件名：今週の日曜日
こんにちは，リンダ，
今週の日曜日は空いてる？今週末，叔父のスティーブンが私の家に来るんだ。私たちは日曜日にスタジアムで野球を観戦する予定だよ。あなたは野球がとても好きだったよね？一緒に行かない？もし来てくれるなら，午前11時頃に迎えに行くよ。試合は午後１時に始まるから，その前にお昼を食べよう。
あなたの友人，
デビッド

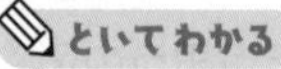

といてわかる

(1) 2　(2) 2

解説

(1) アルバートがカーリーのパーティーにいつ行くかを答える。

1「今年のクリスマス・イブ」
2「叔父さんのパーティーの途中で」
3「叔父さんのパーティーの前」
4「叔父さんのパーティーが終わった後」

(2) パーティーの日にアルバートのすることを答える。

1「クリスマスケーキを食べる。」
2「カーリーの友達のミサに会う。」
3「自分のパーティーを開く。」
4「ミサをパーティーに連れて行く。」

（英文の意味）

送信者：アルバート・ロジャース
宛先：カーリー・キャメロン
日付：11月26日
件名：クリスマス休暇
こんにちは，カーリー，
メールありがとう。きみのパーティーに行きたいんだけど，私は毎年クリスマスの日には叔父のクリスマスパーティーに行くんだ。午後５時に始まって，午後８時くらいに終わるんだけど，午後６時くらいにパーティーの途中で帰ろうと思っているんだ。それから，きみのパーティーに伺ってもいい？　意見を聞かせて。
それでは，
アルバート

送信者：カーリー・キャメロン
宛先：アルバート・ロジャース
日付：11月27日
件名：いつでも大歓迎だよ！
こんにちは，アルバート，
返信ありがとう。事情はよく分かったわ。もし叔父さんのパーティーの後で私のパーティーに来てくれたら嬉しいな。私は午後４時に来客を迎えて，終了時間は決めていないから，いつ来ても大丈夫だよ！ところで，私の友達のミサに会いたがってたよね？午後５時くらいに来るって言ってたから，あなたが来るまでいてもらうね。
じゃあね，
カーリー

P100〜101 ある人物(できごと)についての説明①

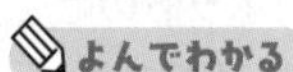

（例文の意味）

「ジアの夢」

ジアは日本の高校2年生で，学校では科学部に所属している。彼女は将来について考え始め，「大学では何を勉強したらいいのだろう？」といつも自分に問いかけている。

ある日，彼女は科学館に行った。幼い頃，家族とよく訪れていた場所だ。彼女は館内をくまなく見て回り，大きな宇宙の写真の前で立ち止まった。彼女は，「子供の頃，宇宙飛行士になりたかったんだ」と，独り言を言った。

すると，一人の男性がやって来て，彼女のそばに立った。彼は「君は宇宙へ行きたいの？」と聞いた。彼女は「はい，そうです。」と答えた。その人は有名な宇宙飛行士だったので，彼女は驚いた。彼は微笑みながら「本当にやろうと思えば，何でもできるんだよ」と言った。そして，彼女に別れを告げた。

彼女は彼の背中を見た。彼女は将来，この人のようになりたいと思った。彼女は宇宙飛行士になるための勉強をすることを決心した。

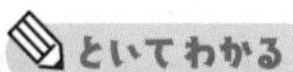

(1) 3　(2) 1　(3) 1　(4) 4

解説

(1) 先週の土曜日にナンシーの母親が何をしていたかを答える。

1「家事をするのを忘れた。」
2「夕食のために買い物に行った。」
3「日中家にいなかった。」
4「ナンシーの祖父母に会ってうれしかった。」

(2) 質問は，「バスルームを掃除したのは誰ですか？」という意味。

1「ナンシー。」
2「ナンシーのお母さん。」
3「ナンシーのお父さん。」
4「ナンシーの祖父母。」

(3) 質問は，「ナンシーのお父さんは彼女に何と言いましたか？」という意味。

1「彼女は料理がとても上手だった。」
2「彼女は食べ過ぎた。」
3「彼は夕食のために食材を買ってきた。」
4「彼はシチューとサラダを作りたかった。」

(4) 質問は「ナンシーのお母さんはなぜ驚きましたか？」という意味。

1「その日の夕食がとてもおいしかった。」
2「ナンシーの父親が庭を掃除した。」
3「ナンシーの父親が料理を手伝ってくれた。」
4「ナンシーが一人で夕食を作った。」

（英文の意味）

「家にいること」

ナンシーは12歳です。両親と犬のニックと一緒に暮らしています。ナンシーはいつも母親の家事を手伝っています。

先週の土曜日，彼女の母親はナンシーの祖父母に会いに出かけました。母親はナンシーと父親に「家事をやってくれない？」と頼みました。母親が家を出た後，二人は作業を開始しました。まず，ナンシーはバスルームを掃除し，父親は庭をきれいにしました。その後，ナンシーはニックを散歩に連れて行きました。ナンシーが家に帰ると，父親が皿洗いをしていました。

二人が仕事を終えると，父親はナンシーに「夕食に何か買おう」と言いました。しかし彼女は「私が作るよ！」と言いました。彼女はシチューとサラダを作りました。彼女は一人で料理をするのが初めてだったので，疲れました。父親は彼女に「おいしいよ。君は料理が上手だね」と言いました。ナンシーはそれを聞いて嬉しくなりました。

夜，ナンシーの母親が帰ってきました。ナンシーがその日の夕食を手助けなしで作ったことを話すと，母親はそれを聞いて驚きました。そして，母親は，「ナンシー，すごく助かったわ！」と言いました。

P102〜103 ある人物(できごと)についての説明②

よんでわかる

（例文の意味）

「イルカと泳ぐ」

アリッサは泳ぐのが苦手だった。彼女は小学校の近くのスイミングスクールに通っていた。練習がとても厳しく，スクールも好きになれなかった。彼女はあきらめてしまった。

去年の夏，アリッサは家族と海浜公園に行った。彼らはボートでドルフィンウォッチングに行った。アリッサと兄はイルカに触った。アリッサの兄は泳ぎが得意なのでイルカと一緒に泳ぐことができた。その後，アリッサと兄はビーチで遊んだ。彼女の兄は上手に泳いだ。彼女も泳いでみたが，うまく泳げなかった。彼女はそこで小さくてきれいな魚をたくさん見た。彼女の兄は彼女にその魚の名前を教えてくれた。

２ヶ月前，彼女はある動画を見た。それはイルカについてのものだった。彼女はイルカに興味を持ち何度も見た。彼女はイルカと一緒に泳ぎたいと思った。

彼女は再びスイミングスクールに通い始めた。今，彼女は来年，海浜公園に行ってイルカと泳ぎたいと思っている。また，海のこと，海の動物のことをもっと知りたいと思っている。

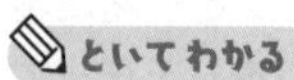

(1) 2　(2) 2　(3) 3　(4) 2

解説

(1) 質問は，「ウィリアムは１月に何冊本を買いますか？」という意味。

1「１冊。」
2「２冊。」
3「３冊。」
4「４冊。」

(2) 質問は，「グリーン先生はウィリアムに何と言いましたか？」という意味。

1「自分でコンテストをやりなさい。」
2「ロボットの外見を考えなさい。」
3「他の部員と話しなさい。」
4「ロボットを作り終えなさい。」

(3) 質問は，「ウィリアムはどのようにしてアイデアを得ましたか？」という意味。

1「技術クラブに入りました。」
2「絵をたくさん描きました。」
3「ロボットに関する本を何冊か読みました。」
4「ロボットの写真を撮りました。」

(4) コンテストの後のウィリアムについて答える。

1「美術部に入った。」
2「デザインに興味を持った。」
3「ロボットをいくつかデザインした。」
4「技術クラブを辞めた。」

（英文の意味）

「ロボットコンテスト」

ウィリアムは学校の技術クラブに所属しています。彼はロボットがとても好きです。彼はロボットの本を月に２冊買っています。しかし，物を作るのは苦手です。

ある日，クラブのミーティングがあり，グリーン先生が部員に「ロボットコンテストに参加するよ！」と言いました。ウィリアムは他の部員のようにロボットを作ることができないので，心配になりました。彼はグリーン先生に「ぼくはコンテストに出たくありません」と言いました。すると，グリーン先生は「ロボットが好きなんだよね？ロボットのデザインを考えたらどうだろう。」と言いました。ウィリアムは「わかりました。やってみます。」と言いました。

その後，ウィリアムは毎日たくさんのロボットの絵を描きました。また，アイディアを得るために図書館へ行き，ロボットに関する本を借りてきました。そして，ついに彼はロボットの絵を描き終えました。

コンテスト当日，クラブのロボットは速く，そして力強く動き，優勝しました。クラブは「最優秀デザイン賞」も受賞しました。ウィリアムはとても喜んでいました。コンテストの後，彼はたくさんの物をデザインしたいと思うようになりました。

P104～105 確認のテスト⑦

(1) 4　(2) 1　(3) 4

解説

(1) 質問は，「コンサートに行ったのは誰ですか？」という意味。

1「サリーとベス。」
2「ルーシーとジョージ。」
3「ルーシーとベス。」
4「サリーとジョージ。」

(2) 質問は，「サリーは今度の日曜日に何をするつもりですか？」という意味。

1「彼女はルーシーとテニスをする。」
2「彼女はリックさんの家に行く。」
3「彼女はコンサートでピアノを弾く。」
4「彼女は歌をうたう。」

(3) 質問は，「サリーはリックの家に何を持っていきますか？」という意味。

1「トランペット。」
2「ピアノ。」
3「バイオリン。」
4「ギター。」

（英文の意味）

送信者：リック・アダムス
宛先：サリー・ゲイツ
日付：５月16日
件名：私たちのバンドで歌いませんか？

こんにちは，サリー，

先週の日曜日は私たちのコンサートに来てくれてありがとう。楽しんでもらえた？君のお兄さんのジョージは，いつもあなたが歌が上手いと言っているよ。私たちのバンドは新しいメンバーを募集しているんだ。私たちと一緒に歌わない？毎週末，私の家で練習しているよ。今週末の練習に参加しない？ジョージも来てくれるといいんだけど。
連絡を待っています，
リック

送信者：サリー・ゲイツ
宛先：リック・アダムス
日付：5月16日
件名：そう言ってもらえてうれしい。
こんにちは，リック，
ジョージと私はコンサートをとても楽しんだよ。あなたはドラムの演奏がとても上手だね。うん，私も参加したいな。今度の日曜日はルーシーとテニスをするから，土曜日なら行けるよ。ギターを持っていくね。ジョージはその日，ピアノのレッスンがあるから行けないよ。私の家族はみんな音楽が好きなんだ。父はトランペットを演奏するし，妹のベスはバイオリンを弾くのが好きだよ。
では，また，
サリー

P106〜107 確認のテスト⑧

(1) 3　(2) 4　(3) 1　(4) 3　(5) 1

解説

(1) マナミと家族がしたことを選択肢から選ぶ。
1「ショッピングモールの中にあるレストランで夕食を食べた。」
2「服屋で買い物を楽しんだ。」
3「新しいショッピングモールに初めて行った。」
4「マナミの通う中学校にいた。」

(2) 質問は，「マナミの家族はまず何をしましたか？」という意味。
1「チャーハンを作った。」
2「映画を見た。」
3「野菜を買った。」
4「レストランに行った。」

(3) 質問は，「映画を見た後，マナミはどんな気持ちになりましたか？」という意味。
1「うれしい。」
2「おなかがすいた。」
3「悲しい。」
4「ねむい。」

(4) 質問は，「マナミの母親は子供たちに何と言いましたか？」という意味。
1「彼らはおもちゃを買うことができる。」
2「彼らはスーパーマーケットに行かなければならない。」
3「彼女は晩御飯に何か買わなければならない。」
4「彼女はほかの店も見てみたい。」

(5) 質問は，「マナミはどうしてまたショッピングモールに行きたがっていますか？」という意味。
1「マナミはあまりたくさんの店を見ることができなかったから。」
2「マナミの家族がとても楽しんでいたから。」
3「マナミの友達が一緒に行きたがっているから。」
4「お店にはおいしい食べ物がたくさんあったから。」

（英文の意味）

「新しいショッピングモール」
今日は新しいショッピングモールがオープンする日です。中学生のマナミはお母さんと弟とそこへ行きました。マナミはショッピングモール内にあるたくさんの新しいお店やレストランにとてもわくわくしました。
まず，彼らはおなかがすいていたので，中華料理屋さんで昼食を食べました。マナミと弟はそこのチャーハンをとても気に入りました。その後彼らは映画を見ました。それはとても心温まる物語で，マナミはそれを見たあと幸せに感じました。
映画が終わったとき，彼女のお母さんがマナミと弟に「私は夕食に食べ物を買わなければなりません。」と言いました。なので，彼らはそれぞれ，別のお店に行きました。マナミはTシャツを買うために，服屋を訪れました。弟はおもちゃが好きなので，おもちゃ屋の中を見て回っていました。そして，彼女のお母さんは別のフロアにあるスーパーマーケットで野菜やお肉を買いました。
彼らはショッピングモールで楽しい時間を過ごし，午後5時にショッピングモールを出ました。しかし，マナミは少しのお店しか見て回らなかったので，今度友達と一緒に来たいと思っています。

P108〜109 誘いへの対応

といてわかる

(1) **2** (2) **1** (3) **3**
(4) **3** (5) **3** (6) **1**

解説

流れる音声の意味は以下の通り。

(1) A：I need new clothes for this spring.
「この春用に新しい服が必要なんだ。」
B：Me, too. How about going to the shopping mall tomorrow?
「私も。明日，ショッピングモールに行かない？」
A：That's nice. Let's meet at the station at ten.
「それはいいね。10時に駅に集合しよう。」
1 I like shopping, too.「私も買い物が好きなんだ。」，**2** OK, see you later.「じゃあ，また後でね。」，**3** No, by train.「いや，電車で。」

(2) A：It is sunny today. Let's play soccer after school, Mary.
「今日は晴れているね。放課後，サッカーをしようよ，メアリー。」
B：Sure, but I have to help Mr. Smith today.
「いいわね，でも今日はスミス先生の手伝いがあるんだ。」
A：When can you join us?
「いつ参加できる？」
1 About at four.「４時頃です。」，**2** At the school.「学校で。」，**3** My math teacher.「私の数学の先生。」

(3) A：I will make a cake at home today.
「今日は家でケーキを作ろうと思うんだ。」
B：Oh, that sounds great.
「わあ，それはいいね。」
A：Would you like to come and eat it?
「家に来て食べない？」
1 Let's go to the restaurant.「レストランに行きましょう。」，**2** You cook very well.「お料理が上手ですね。」，**3** Thank you, but I can't.「ありがとう，でも無理なんだ。」

(4) A：Would you like to go somewhere this weekend?
「今週末，どこか行かない？」
B：Yes, let's.
「うん，行こう。」
A：Great. Where do you want to go?
「いいね。どこに行きたい？」
1 On Saturday.「土曜日に。」，**2** With my family.「家族で。」，**3** The park or the zoo.「公園か動物園。」

(5) A：Shall we study together in the library today?
「今日は図書館で一緒に勉強しませんか？」
B：I'm sorry, I can't.
「ごめん，できないんだ。」
A：Why not?
「なぜダメなの？」
1 There are a lot of books at home.「家には本がたくさんあります。」，**2** I didn't study English yesterday.「昨日は英語の勉強をしませんでした。」，**3** I have to practice the piano.「ピアノの練習をしなければならない。」

(6) A：What are you going to do this summer vacation?
「今年の夏休みはどうする？」
B：I don't have any plans, Bob.
「何も考えてないんだ，ボブ。」
A：Well, why don't we go to Hokkaido?
「じゃあ，北海道に行かない？」
1 I will ask my parents tonight.「今夜，親に聞いてみるよ。」，**2** I'm going to go abroad this summer.「この夏，海外に行くんだ。」，**3** I went to Okinawa last year.「去年は沖縄に行ったよ。」

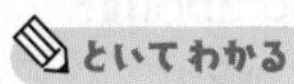

P110～111 注文・電話での対応

といて わかる

(1) **3**　(2) **1**　(3) **1**
(4) **3**　(5) **2**　(6) **2**

解説

流れる音声の意味は以下の通り。

(1) A：Excuse me. Do you have a smaller one?
「すみません。もっと小さいのはないですか？」
B：Yes. Are you looking for a sweater for children?
「ございます。お子様用のセーターをお探しですか？」
A：Yes.
「はい。」
1　How about this color?「この色はいかがですか？」, **2**　This is a present for my son.「これは息子へのプレゼントです。」, **3**　There's one on the third floor.「3階にございます。」

(2) A：What would you like?
「何になさいますか？」
B：I'll take a hamburger and salad, please.
「ハンバーガーとサラダをお願いします。」
A：Certainly. Anything else?
「承知いたしました。他に何かご入用ですか？」
1　No, thank you.「いいえ，結構です。」,
2　You're welcome.「どういたしまして。」,
3　It's my favorite.「大好きなんです。」

(3) A：What do you recommend?
「何がお薦めですか？」
B：This curry and rice is popular here.
「このカレーライスが人気です。」
A：Nice. How much is it?
「いいですね。値段はいくらですか？」
1　It's 15 dollars.「15ドルです。」,
2　It's a little spicy.「少しスパイシーです。」,
3　Your table is ready.「テーブルの用意ができました。」

(4) A：Hello.
「もしもし。」
B：Hello, this is Cathy. Is Peter there?
「もしもし，キャシーです。ピーターはいますか？」
A：Sorry, he is out now.
「ごめんなさい，今出かけているの。」
1　I'm not ready.「まだ準備できてないんだ。」,
2　Just a moment, please.「ちょっと待ってね。」, **3**　I'll call back later.「後でかけ直します。」

(5) A：This is Sam speaking. May I speak to Lisa?
「サムです。リサと話せますか？」
B：Oh, she is practicing the guitar now.
「ああ，彼女は今ギターの練習をしてるんだ。」
A：OK.
「分かりました。」
1　I'm glad to meet you, Sam.「初めまして，サム。」, **2**　Can I take a message?「伝言をしましょうか？」, **3**　When will she come back?
「リサはいつ戻りますか？」

(6) A：Hello. Can I speak to Sara?
「こんにちは。サラと話したいんだけど。」
B：Who is calling, please?
「どちら様ですか？」
A：This is Mike.
「マイクです。」
1　See you soon.「またね。」, **2**　I'll get her.
「彼女につなぎますね。」, **3**　Please come to my house.「家に来てください。」

P112〜113 状況説明を聞き取る

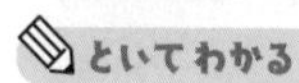

(1) 2　(2) 4　(3) 1
(4) 4　(5) 3　(6) 3

解説

流れる音声と質問の意味は以下の通り。

(1) A：Hello, Ellen. I' m sorry, but I' ll be late.
「やあ，エレン。悪いけど遅れそうなんだ。」
B：What happened, Billy?
「何があったの，ビリー？」
A：I got up late and missed the train.
「寝坊して電車に乗り遅れたんだ。」
B：OK.
「そうなんだ。」
Question：What is the Billy' s problem?
「質問：ビリーの問題は何ですか？」
1「彼は早起きした。」，**2**「彼は電車に乗り遅れた。」，**3**「彼はとても忙しかった。」，**4**「彼は計画を忘れた。」

(2) A：Emily, is that your sister?
「エミリー，あれは君の妹？」
B：No, she is a friend of mine. She comes from France.
「いいえ，彼女は私の友人よ。彼女はフランスから来たんだ。」
A：Really? She speaks English very well.
「そうなの？彼女は英語がとても上手だね。」
B：She wants to be a English teacher, so she studies it hard.
「彼女は英語の先生になりたくて，一生懸命勉強しているんだ。」
Question：What are they talking about?
「質問：彼らは何について話していますか？」
1「エミリーの夢。」，**2**「エミリーの姉［妹］。」，**3**「エミリーの好きな科目。」，**4**「エミリーの友達。」

(3) A：Dad, can I borrow your camera?
「父さん，カメラ借りていい？」
B：Sure, Tim. Are you going to use it in the picnic next week?
「もちろんだよ，ティム。来週のピクニックで使うの？」
A：No. I want to send pictures of my cat to my grandma.
「ううん。おばあちゃんに猫の写真を送りたいんだ。」
B：Oh, great. My camera is on my desk. You can get it.
「そうなんだ。カメラは私の机の上にあるよ。取ってきていいよ。」
Question：What are they talking about?
「質問：彼らは何について話していますか？」
1「カメラ。」，**2**「ピクニック。」，**3**「彼らの猫。」，**4**「ティムのおばあちゃん。」

(4) A：Good morning. Where is Alex?
「おはようございます。アレックスはどこですか？」
B：He is absent today.
「彼は今日休みだよ。」
A：That' s too bad. Does he have a cold?
「それは残念だな。彼は風邪をひいているの？」
B：No. Today is his brother' s wedding party. He likes his brother very much.
「いいえ。今日は彼の兄の結婚パーティーなんだ。彼は兄のことがとても好きなんだ。」
Question：Why is Alex absent today?
「質問：なぜアレックスは今日休んでいるのですか？」
1「彼は今日結婚します。」，**2**「彼の兄は風邪をひいています。」，**3**「彼は今日とても疲れています。」，**4**「彼はパーティーにいます。」

(5) A：Hi, Judy. You look happy.
「やあ，ジュディ。うれしそうだね。」
B：Yes, Sam. I got a ticket to the piano concert!
「そうなんだ，サム。ピアノコンサートのチケットが取れたんだ！」
A：That' s nice. It' s a very popular concert, right?
「それはよかったね。とても人気のあるコンサートなんでしょ？」
B：Right. My mom bought it for my birthday present.
「そうなんだ。母が誕生日プレゼントに買ってくれたんだ。」
Question：Why is Judy happy?
「質問：なぜジュディは喜んでいるのですか？」
1「彼女はお母さんにピアノを買ってもらいました。」，**2**「彼女は誕生日パーティーをしました。」，**3**「彼女はコンサートのチケットを手に入れました。」，**4**「サムは彼女にプレゼントを買いました。」

(6) A：Well, I will go home today.
「さて，今日は帰ろうかな。」
B：Oh, you go home so early today.
「あら，今日はそんなに早く帰るんですね。」
A：I have to take my son to the hospital. He has a fever now.

「息子を病院に連れて行かないといけないんだ。今，熱があるんだよ。」

B：Really? I hope he will get well soon.

「そうなんですか？早く良くなるといいですね。」

Question：Why will the man go home early?

「質問：なぜ男性は早く家に帰るつもりなのですか？」

1「彼は家事をするつもりです。」，**2**「彼は友達に会うつもりです。」，**3**「彼は病院へ行くつもりです。」，**4**「彼は息子と旅行に行くつもりです。」

P114～115 予定を聞き取る

といてわかる

(1) **4**　(2) **3**　(3) **1**
(4) **4**　(5) **1**　(6) **2**

解説

流れる音声と質問の意味は以下の通り。

(1) A：Mom, what's wrong?

「お母さん，どうしたの？」

B：I need some carrots for today's dinner, but I forgot to get them.

「今日の夕食にニンジンが必要なんだけど，買ってくるのを忘れちゃった。」

A：OK, I will go to the supermarket now.

「じゃあ，今スーパーに行ってくるよ。」

B：Thank you, Jim.

「ありがとう，ジム。」

Question：What does Jim's mother want to do?

「質問：ジムのお母さんは何をしたいですか？」

1「ジムと買い物に行く。」，**2**「夕食を外食にする。」，**3**「皿を洗う。」，**4**「野菜を手に入れる。」

(2) A：Hi. Please help me with my homework.

「やあ，私の宿題を手伝ってよ。」

B：Sorry, but I am watching TV now.

「ごめん，今テレビを見てるんだ。」

A：Well, do you have time tonight?

「じゃあ，今夜は時間がある？」

B：OK. I can help you after dinner.

「いいよ。夕食の後，手伝うよ。」

Question：What is the girl doing now?

「質問：その女の子は今何をしていますか？」

1「彼女は男の子を手伝っている。」，**2**「彼女は宿題をしている。」，**3**「彼女はテレビを見ている。」，**4**「彼女は夕ご飯を食べている。」

(3) A：I enjoyed fishing in the river with my family yesterday.

「昨日は家族と川で釣りを楽しんだよ。」

B：Do you often go fishing?

「よく釣りに行くの？」

A：No, it was my first time. But I often go to the river and enjoy camping.

「ううん，初めてだったよ。でも，よく川に行ってキャンプを楽しむよ。」

B：Good. I went to the movies with my friend yesterday.

「いいね。私は昨日友達と映画を見に行ったんだ。」

Question：What did the boy do yesterday?

「質問：その少年は昨日何をしましたか？」

1「彼は釣りに行った。」，**2**「彼はキャンプに行った。」，**3**「彼は友達のところに行った。」，**4**「彼は映画を見た。」

(4) A：It's time for lunch, Becky.

「ベッキー，お昼の時間だよ。」

B：Wait, Dad. I'm doing my homework now.

「待って，父さん。今，宿題をやっているんだ。」

A：Well, we will have lunch after you finish it.

「じゃあ，宿題が終わったらお昼ご飯にしよう。」

B：Thank you. I will finish it in 15 minutes.

「ありがとう。15分以内に終わらせるね。」

Question：When will they have lunch?

「質問：お昼ご飯はいつ食べますか？」

1「25分以内に。」，**2**「50分以内に。」，**3**「５分以内に。」，**4**「15分以内に。」

(5) A：Hi, the soccer practice will be on Friday this week.

「こんにちは，今週はサッカーの練習が金曜日にあります。」

B：Really? We usually practice on Saturdays and Sundays.

「そうなんですか？いつもは土曜日と日曜日に練習していますよね。」

A：Yes, but we can't use the park this weekend.

「そうなんです，でも今週末は公園が使えないんです。」

B：I see.

「そうなんだ。」

Question：When is the soccer practice this week?

「質問：今週のサッカーの練習はいつですか？」

1「金曜日に。」，**2**「土曜日に。」，**3**「日曜日に。」，
4「月曜日に。」

(6) A：Do you know that new restaurant, Nancy?
「ナンシー，あの新しいレストランを知ってる？」
B：I went there last Sunday morning.
「先週の日曜日の朝，行ってきたんだ。」
A：Really? I went there last night.
「そうなんだ？私は昨日の夜行ったばかりなんだ。」
B：That's nice.
「それはいいね。」
Question：When did Nancy go to the new restaurant?
「質問：ナンシーはいつ新しいレストランに行きましたか？」
1「先週日曜日の夜に。」，**2**「先週日曜の朝に。」，
3「昨日の朝に。」，**4**「昨日の夜に。」

P116～117 具体的な時間や頻度を聞き取る

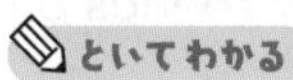

とい て わかる

(1) 1　(2) 4　(3) 2
(4) 3　(5) 2　(6) 1

解説

流れる音声と質問の意味は以下の通り。

(1) A：Is Carol on vacation today?
「キャロルは今日，休暇ですか？」
B：Yes. She is abroad with her family now.
「ええ。家族と一緒に今海外にいます。」
A：Oh. America or Canada?
「へえ。アメリカですか，カナダですか？」
B：No, Australia. She wanted to see kangaroos.
「いいえ，オーストラリアです。カンガルーを見たがっていました。」
Question：Where is Carol now?
「質問：キャロルは今どこにいますか？」
1「オーストラリアに。」，**2**「アメリカに。」，**3**「カナダに。」，**4**「日本に。」

(2) A：Look. This is a picture of my family.
「見てください。これは私の家族の写真です。」
B：Is this man your brother?
「この男性はあなたのお兄さんですか？」
A：No, it's my father. He is a doctor. And this woman is my sister.
「いいえ，私の父です。彼は医者なんです。そしてこの女性は私の妹です。」
B：I know her. She is a teacher, right?
「私は彼女を知っています。彼女は先生でしょう？」
Question：Who is a doctor?
「質問：医者なのは誰ですか？」
1「男の子の妹。」，**2**「男の子の母。」，**3**「男の子の弟。」，**4**「男の子の父。」

(3) A：I have a cute dog at home.
「家にかわいい犬がいるんだ。」
B：Good. I have a dog, too.
「いいね。私も犬を飼ってるよ。」
A：And I have two cats, too.
「猫も２匹飼ってるんだ。」
B：Wow! You have three pets!
「すごいね！３匹もペットを飼ってるの。」
Question：How many cats does the boy have?
「質問：少年は何匹の猫を飼っていますか？」
1「１匹。」，**2**「２匹。」，**3**「３匹。」，**4**「４匹。」

(4) A：Jack, Take this umbrella today.
「ジャック，今日はこの傘を持って行きなさい。」
B：But it is sunny now, Mom.
「でも母さん，今は晴れているよ。」
A：It will be cloudy in the afternoon, and start to rain this evening.
「午後から曇って，夜には雨が降るそうよ。」
B：Oh, thanks.
「そうなんだ，ありがとう。」
Question：How is the weather now?
「質問：今の天気はどうですか？」
1「雨が降っている。」，**2**「曇っている。」，**3**「晴れている。」，**4**「風が強い。」

(5) A：Study for the math test before going out, Mary.
「メアリー，出かける前に数学のテストの勉強をしなさい。」
B：I studied it for one hour.
「私は１時間勉強したよ。」
A：Oh, I didn't know that.
「へえ，それは知らなかったわ。」
B：I studied history for 30 minutes, too.
「30分歴史の勉強もしたよ。」
Question：How long did Mary study history?
「質問：メアリーはどのくらい歴史の勉強をしたのですか？」
1「15分間。」，**2**「30分間。」，**3**「１時間。」，**4**「３時間。」

(6) A：Your pictures are very beautiful.
「あなたの絵はとてもきれいだね。」
B：Thank you. I like drawing and draw pictures at home every day.
「ありがとう。私は絵を描くのが好きで，毎日家で絵を描いているんだ。」
A：Do you draw pictures outside?
「外でも絵を描くの？」
B：Yes. I go to the park and draw flowers once a week.
「ええ。週に一回は公園に行って花の絵を描くよ。」
Question：How often does the girl draw pictures outside?
「質問：この女の子はどのくらいの頻度で外で絵を描いていますか？」
1「週に１回。」，**2**「週に２回。」，**3**「週に３回。」，**4**「毎日。」

P118〜119 全体の流れを聞き取る

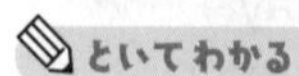

(1) 3　(2) 2　(3) 1
(4) 4　(5) 3　(6) 1

解説

流れる音声と質問の意味は以下の通り。

(1) **A**：Thank you for coming today. Now, we have many fresh vegetables. And all kinds of meat are 10% off only today! Please check it out.

「本日はご来店いただきありがとうございます。ただいま，新鮮なお野菜がたくさんあります。また，お肉は本日のみ全品10% OFFです。ぜひご覧ください。」

Question：Where is the man talking?

「質問：この人が話しているのはどこですか？」

1「農場で。」，**2**「レストランで。」，**3**「スーパーマーケットで。」，**4**「市役所で。」

(2) **A**：I' m not good at math, so I did my math homework hard yesterday. But I left it at home today. I have to bring it tomorrow.

「私は数学が苦手なので，昨日は数学の宿題を一生懸命やりました。でも，今日家に置いてきてしまいました。明日持ってこなければいけません。」

Question：What is the boy' s problem?

「質問：この男の子の問題は何ですか？」

1「彼はテストに合格できなかった。」，**2**「彼は宿題を忘れた。」，**3**「彼は数学の教科書をなくした。」，**4**「彼は家にペンを忘れた。」

(3) **A**：My grandparents live near my house. I sometimes visit them and have dinner together. Today, they' ll come to my house and play interesting card games together.

「私の祖父母は私の家の近くに住んでいます。私は時々彼らを訪ねて，一緒に夕食を食べます。今日，彼らは私の家に来て，一緒に面白いカードゲームをする予定です。」

Question：Why will the boy' s grandparents come to his house today?

「質問：なぜ男の子の祖父母は，今日彼の家に来るのですか？」

1「ゲームをするため。」，**2**「晩御飯を食べるため。」，**3**「パーティーをするため。」，**4**「面白い映画を見るため。」

(4) **A**：I like music very much. I take a piano lesson on Wednesdays and Fridays. And I practice the guitar with my friends on Sundays.

「私は音楽がとても好きです。水曜日と金曜日はピアノのレッスンを受けています。日曜日は友達とギターを練習しています。」

Question：What does the boy play on Fridays?

「質問：男の子は金曜日に何を演奏していますか？」

1「野球。」，**2**「ギター。」，**3**「サッカー。」，**4**「ピアノ。」

(5) **A**：My mother likes flowers and decorates her room with them. But I broke her vase with my ball. I have to buy new one for her today.

「私の母は花が好きで，部屋に花を飾っています。でも，私がボールで花瓶を割ってしまいました。今日，新しい花瓶を彼女に買わなければなりません。」

Question：What will the boy do today?

「質問：男の子は今日何をするつもりですか？」

1「ボールで遊ぶ。」，**2**「花を育てる。」，**3**「花瓶を買う。」，**4**「彼の部屋を飾る。」

(6) **A**：I had a great time last weekend. On Saturday, I watched the basketball game with my father. And on Sunday, I went shopping with my sister.

「先週末はとても楽しかったです。土曜日は，父とバスケットボールの試合を見ました。そして，日曜日は妹と買い物に行きました。」

Question：What did the boy do with his sister last weekend?

「質問：男の子は先週末，妹と何をしましたか？」

1「彼は買い物に行った。」，**2**「彼は試合を見た。」，**3**「彼はバスケットボールをした。」，**4**「彼は夕食を食べた。」

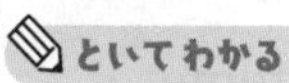

選択肢から内容を推測する

とい て わかる

(1) **2**　(2) **1**　(3) **4**
(4) **2**　(5) **2**　(6) **3**

解説

流れる音声と質問の意味は以下の通り。

(1) **A：** Welcome to Billy's Diner. We will close from this Wednesday to next Friday for cleaning. We will open next Saturday. We hope to see you again.

「ようこそ，ビリーズダイナーへ。今週の水曜日から来週の金曜日まで，清掃のためお休みさせていただきます。来週の土曜日から営業いたします。またのお越しをお待ちしております。」

Question： When does the restaurant open after cleaning?

「質問：清掃の後，レストランはいつオープンしますか？」

1「来週の金曜日。」，**2**「来週の土曜日。」，**3**「今週の水曜日。」，**4**「今晩。」

(2) **A：** I went to the lake with my family yesterday. My brother and I took the boat. My sister enjoyed taking pictures, and my parents read books by the lake.

「昨日，家族で湖に行きました。兄と私はボートに乗りました。妹は写真を撮って楽しみ，両親は湖のそばで本を読みました。」

Question： Who enjoyed taking pictures?

「質問：写真撮影を楽しんだのは誰ですか？」

1「その男の子の妹。」，**2**「その男の子。」，**3**「その男の子の兄。」，**4**「その男の子の両親。」

(3) **A：** I usually go to school by bike. Sometimes I walk there when it's sunny. It rained hard yesterday, so I went by bus.

「私は普段は自転車で通学しています。晴れているときは歩いて行くこともあります。昨日は大雨だったので，バスで行きました。」

Question： How does the boy usually go to school?

「質問：その少年はいつもどのように学校に通っていますか？」

1「徒歩で。」，**2**「バスで。」，**3**「電車で。」，**4**「自転車で。」

(4) **A：** Julia likes Indian food. She makes and eats curry and rice twice a week. She goes to her favorite restaurant and eats curry only once a month.

「ジュリアはインド料理が好きです。週に２回はカレーライスを作って食べています。月に一度だけ，お気に入りのレストランでカレーを食べます。」

Question： How often does Julia eat curry in the restaurant?

「質問：ジュリアはどれくらいの頻度でレストランでカレーを食べていますか？」

1「月に２回。」，**2**「月に１回。」，**3**「週に１回。」，**4**「週に２回。」

(5) **A：** I am going to go to Okinawa next month. First, I'll stay at my friend's house for two days. After that, I'll stay at a hotel for three days, and visit my uncle only one day.

「私は来月沖縄に行く予定です。まず，友人の家に２日間滞在します。その後，３日間ホテルに泊まって，１日だけおじさんのところへ行きます。」

Question： How many days will the boy stay at his friend's house?

「質問：少年は友人の家に何日間滞在しますか？」

1「１日間。」，**2**「２日間。」，**3**「３日間。」，**4**「１ヶ月間。」

(6) **A：** We had a Christmas party and I made sweets yesterday. I made cakes for my mother and father. And I gave my grandparents cookies and candies.

「昨日，クリスマスパーティーがあり，お菓子を作りました。父と母にケーキを作りました。そして，祖父母にクッキーとキャンディーをあげました。」

Question： Which sweets did the boy give to his father?

「質問：男の子は父に何のお菓子をあげましたか？」

1「キャンディー。」，**2**「クッキー。」，**3**「ケーキ。」，**4**「チョコレート。」

P122～123 確認のテスト⑨ 

❶(1) 1　(2) 2
❷(1) 1　(2) 2　(3) 2　(4) 3
❸(1) 1　(2) 3　(3) 2　(4) 2

解説

❶　会話と選択肢の意味は以下の通り。

No. 1

A：Do you have a ruler, Kate?
「定規は持ってる，ケイト？」
B：Yes. Why?
「持ってるよ。どうして？」
A：Can I borrow it now?
「今それを借りてもいい？」

1　Of course you can.「もちろんいいよ。」,
2　Sorry, I lost it.「ごめんなさい，なくしたの。」,
3　Good idea.「いい考えだね。」

No. 2

A：How was your trip to Australia?
「オーストラリアへの旅行はどうだった？」
B：It was fun!
「楽しかったですよ。」
A：Good. How long did you stay there?
「よかったね。どれくらいの間滞在したの？」

1　Every day.「毎日です。」, **2**　For five days.「5日間です。」, **3**　Twice a day.「1日2回です。」

❷　会話と選択肢の意味は以下の通り。

No. 1

A：Why are you leaving, David?
「なぜあなたは帰るの，デビッド？」
B：I have to go to tennis practice.
「テニスの練習に行かなくちゃいけないんだ。」
A：But you don't have practice because today's Saturday.
「でも今日は土曜日だから練習はないでしょう？」
B：I'll have a game tomorrow.
「明日，試合があるんだ。」
Question：What will David do on Sunday?
「質問：デイビッドは日曜日に何をするのでしょうか？」

1　He will play a tennis game「彼はテニスの試合をする」,
2　He will practice tennis「彼はテニスの練習をする」,
3　He will leave home early「彼は早退する」,
4　He will go to school「彼は学校へ行く」

No. 2

A：Did you buy a new hat, Amy?
「新しい帽子を買ったの，エイミー？」
B：Yes, Brian. I got it on the Internet.
「そうなんだ，ブライアン。ネットで買ったんだ。」
A：It's very nice.
「とても素敵だね。」
B：Thanks.
「ありがとう。」
Question：What are they talking about?
「質問：彼らは何について話していますか。」

1「エイミーの洋服」, **2**「エイミーの帽子。」, **3**「ブライアンのコンピューター。」, **4**「ブライアンの贈り物。」

No. 3

A：Hi, Emma. Did you call me yesterday?
「こんにちは，エマ。昨日電話くれた？」
B：No, Matt. That was my sister Julia.
「いいえ，マット。妹のジュリアからだよ。」
A：Oh, is she there now?
「ああ，彼女は今そこにいる？」
B：She went shopping with my mom.
「彼女は母さんと買い物に行ったよ。」
Question：Who called Matt yesterday?
「質問：昨日マットに電話をかけてきたのは誰ですか？」

1「エマ。」, **2**「ジュリア。」, **3**「エマの母親。」, **4**「誰もかけていない。」

No. 4

A：Would you mind shutting the curtains?
「カーテンを閉めてもいいですか？」
B：No. No problem.
「ええ。問題ないですよ。」
A：Thank you. I want to sleep a little.
「ありがとう。少し寝たいんだ。」
B：Go ahead. I will read a book.
「どうぞ。私は本を読むね。」
Question：What does the woman want to do?
「質問：女性は何をしたいのでしょうか。」

1　She wants to open the curtains.「カーテンを開けたい。」,
2　She wants to read a book.「本を読みたい。」,
3　She wants to sleep a little.「少し寝たい。」,
4　She wants to look out the window.「窓の外を見たい。」

❸　会話と選択肢の意味は以下の通り。

No. 1

(1) A：I wanted to go to a concert of my

favorite singer. Yesterday, I could get a ticket for the first time, so I was happy.
「私は好きな歌手のコンサートに行きたかった。昨日，初めてチケットが取れたので，嬉しかった。」
Question：Why was the girl happy?
「質問：なぜその女の子は嬉しかったのでしょうか？」
1 She got a concert ticket.「彼女はコンサートのチケットを手に入れた。」
2 She saw her favorite singer.「彼女は好きな歌手を見た。」
3 Her favorite singer was nice.「彼女の好きな歌手は素敵だった。」
4 She found her concert ticket.「彼女はコンサートのチケットを見つけた。」

No. 2

Karen's father likes running. He ran in the park this morning. He will go to the gym to run tonight.
「カレンの父親は走るのが好きです。彼は今朝公園で走りました。今夜はジムに行って走るそうです。」
Question：When will Karen's father go to the gym?
「質問：カレンのお父さんはいつジムに行きますか？」
1 This morning「今朝」,
2 This afternoon「今日の午後」,
3 Tonight「今夜」, **4** Every weekend「毎週末」

No. 3

Cassie and I had lunch last weekend. She told me about her favorite animal, monkeys. I like lions the best. We are going to go to a zoo this Sunday.
「先週末，キャシーとランチをした。彼女は自分の好きな動物，サルについて話をしてくれた。私はライオンが一番好きだ。今度の日曜日に動物園に行く予定だ。」
Question：What animal does Cassie like?
「質問：キャシーはどんな動物が好きか？」
1 Elephants.「ゾウ」, **2** Monkeys.「サル」,
3 Lions.「ライオン」, **4** Penguins.「ペンギン」

No. 4

One day, I found a sick bird. I took it to my home and took care of it. It became better a week later. It looked all right, so I brought it to a forest. The bird flew away.
「ある日，私は病気の鳥を見つけた。家に連れて帰り，看病した。一週間後，その鳥は良くなった。大丈夫そうなので，森に連れて行った。鳥は飛び去っていった。」
Question：What did the bird do?
「鳥はどうしたのか？」
1 It took the boy to a forest.「少年を森に連れて行った。」, **2** It flew away.「飛び去った。」,
3 It took care of the bird's child.「鳥の子供の世話をした。」, **4** It stayed at home for two weeks.「２週間家にいた。」

P124～136 模擬試験

❶ (1) 1　(2) 4　(3) 2　(4) 2　(5) 3
(6) 1　(7) 4　(8) 4　(9) 2　(10) 3
(11) 1　(12) 3　(13) 2　(14) 4　(15) 1

解説

❶ (1) How much is it?は「いくらですか。」と尋ねる時の定型文。
訳　A：このピザとてもおいしそう！いくらですか。
　B：9ドルです。
2「価格」，**3**「階」，**4**「時間」
(2) 訳　今日数学の授業で定規が必要だったが，私は持って行くのを忘れた。
1「行った」，**2**「試した」，**3**「話した」
(3) There is［are］＋主語＋場所を表す語句は「～に〔主語〕があります（います）」という意味。isかareかは主語が単数か複数かで決まる。
訳　A：おお！今夜は大勢の人がいるね。
　B：うん，ゆっくり運転したほうがいいよ。
1「自由に」，**3**「速く」，**4**「早く」
(4) 訳　私たちは来週キャンプに行く予定なので，大きなテントを昨日店で買った。
1「休暇」，**3**「情報」，**4**「動物園」
(5) 訳　ジョージとジェフは同じサッカーチームだ。彼らは毎週末一緒にサッカーを練習する。
1「～になる」，**2**「～を得る」，**4**「～が好きである」
(6) 訳　A：宿題は終わったの，レオ？
　B：うん，ママ。だけどぼくにはすごく難しかったからメグが手伝ってくれたんだ。
2「容易な」，**3**「暗い」，**4**「役立つ」
(7) 訳　私の家族と私はもし次の土曜日が一日中晴れていたらビーチに行く。
1「それぞれの」，**2**「ほとんどない」，**3**「他の」
(8) each otherで「お互い（に）」という意味の代名詞。
訳　私は中国によい友人がいる。私たちは毎月お互いに手紙を書く。
1「いくらかの」，**2**「たくさんの」，**3**「他の」
(9) get upで「起きる」という意味。
訳　私の兄［弟］はたいてい早くに起きて公園を走る。
1「話す」，**3**「見つける」，**4**「去る」
(10) 訳　A：何をしているの，デイブ？
　B：ジョンを待っているんだよ。
1「～のような」，**2**「～と一緒に」，**4**「～の中へ」
(11) from all over the worldで「世界中から」という意味。
訳　このスーパーマーケットはとても人気だ。世界中の食べ物がある。
2「上方への」，**3**「～の」，**4**「下に」
(12) 訳　昨日，バスで眠ってしまったのでバス停で降りることができなかった。
1「～の中に」，**2**「～に」，**4**「～と一緒に」
(13)〈be going to＋動詞の原形〉で予定や未来の予測を表すことができる。
訳　A：明日の予定は？
　B：明日は図書館で勉強する予定だよ。
(14) 訳　私の祖父母と私は先週そのレストランで夕食を楽しんだ。
(15)〈Shall I ～？〉で「私が～しましょうか。」という意味。
訳　A：もし（お客様），私が窓を開けましょうか？
　B：はい，お願いします。
2「持っている」，**3**「です」，**4**「でした」

❷ (16) 1　(17) 4　(18) 3　(19) 2　(20) 3

解説

❷ (16) 訳　**父：** 昨日のロックコンサートは楽しかったかい，ケリー？
娘： うん，とても面白かったわ！楽しい時間を過ごしたよ。

2「チケットを入手する。」，**3**「2時に始まる。」，**4**「それはとても大きかった。」

(17) 訳　**妻：** ここにトムがいないわ。彼はどこに行ったの？
夫： 彼はノートを何冊か買いにショッピングモールに行ったよ。

1「いつ彼は出て行った？」，**2**「それは何？」，**3**「彼はどうだった？」

(18) look likeで「(見た目が) ～に似ている」という意味。

訳　**女の子1：** あの女の子はだれ？彼女キョウコにそっくりね。
女の子2： あれはサチコよ。彼女とキョウコは姉妹なの。

1「キョウコは私の友だちだ。」，**2**「彼女はテニスをしている。」，**4**「私は公園で彼女に会った。」

(19) 訳　**男の子：** フレッドはどうやってこの機械を作ったの？
女の子： 全くわからないわ。明日彼に聞きましょう！

1「5:30に。」，**3**「彼は家にいる。」，**4**「2日前。」

(20) 訳　**男性：** すみません。この近くに郵便局はありますか。
女性： はい，すぐそこの角です。

1「それはとても大きいものです」，**2**「私はそれを探しています」，**4**「私は手紙を送りたいです」

❸ (21) 2　(22) 1　(23) 3　(24) 1　(25) 4

解説

❸ (21) 解答　Who is the best player (in the tennis club?)

(22) have to ～で「～しなければならない」という義務を表す。否定文を作る時には，don't have to ～となり，「～しなくてもよい (～する必要がない)」という意味となる。

解答　(I) have to look for my (tie.)

(23) 解答　(Karen) is good at playing the (piano.)

(24) 解答　Would you like some more rice (?)

(25) 解答　(My father leaves) home between seven and eight (o'clock.)

❹A (26) 1　(27) 4

解説

❹A (26) 訳　いつセールは始まりますか。

1「10月25日。」，**2**「10月30日。」，**3**「11月30日。」，**4**「11月5日。」

(27) 訳　人々が無料のコーヒーを手に入れるには

1「カフェの特別ケーキを買う。」，**2**「デザートを買う。」，**3**「スープを買う。」，**4**「コーヒーを買う。」

（英文の意味）

「オープニングセール」
スタンリーカフェでは10月25日から11月5日までオープニングセールを行います。
時間：午前8時から午後7時
全ての料理は各5ドルです！
コーヒーを一杯買ったらもう一杯無料になります！
そして10月30日まで当店の特別ケーキをプレゼントとして差し上げます！
当店では多くの種類のスープやデザートもありますよ！
このセールを逃さないで！

❹B (28) 4　(29) 3　(30) 4

解説

❹B (28) 訳　土曜日に，コウジは
1「お祭りでユミコを探す予定だ。」，**2**「サムと夕食をとる予定だ。」，**3**「花火の写真を撮る予定だ。」，**4**「お祭りで何か食べ物を買う予定だ。」
(29) 訳　サムは夏祭りに何を持って行きますか。
1「お金。」，**2**「食べ物。」，**3**「カメラ。」，**4**「写真。」
(30) 訳　コウジとサムは何時に会いますか。
1「午後８時。」，**2**「午後５時。」，**3**「午後６時。」，**4**「午後７時。」

（英文の意味）

送信者：コウジ オダ
宛先：サム・オコンネル
日付：８月12日
件名：夏祭り
やあ，サム，
今週の土曜日は空いている？ぼくは友人のユミコと市の夏祭りに行く予定なんだ。ぼくたちと行かない？たくさんの花火が見られるよ！午後８時に始まるんだ。午後５時に一緒にお祭りに出発するよ。あとフードスタンド（屋台）で食べ物を買うためにお金をいくらか持って行くよ！
君が来られるといいな，
コウジ

送信者：サム・オコンネル
宛先：コウジ オダ
日付：８月13日
件名：ありがとう
やあ，コウジ，
誘ってくれてありがとう。とても行きたいのだけど，午後６時まで言語の授業があるんだよ。そのあとは同級生たちと夕食をとる予定なんだ。だから，午後７時に君たちに合流するよ。すごく花火が見たい！カメラを持って行って，写真を撮るね！
じゃあその時に，
サム

❹C (31) 1　(32) 4　(33) 3　(34) 1　(35) 2

解説

❹C (31) 質問は「なぜジョンとサラは毎週土曜日に会っているのですか？」という意味。
1「テニスを練習するため。」
2「買い物するため。」
3「映画に行くため。」
4「宿題をするため。」
(32) 質問は「ジョンとサラはまず何をしましたか？」という意味。
1「彼らは公園に行きました。」
2「彼らはテニスの練習をしました。」
3「彼らは映画に行きました。」
4「彼らは昼食を食べました。」
(33) 質問は「ジョンがサラに彼の一番好きな食べ物を話した時，彼女はどのように感じましたか？」という意味
1「混乱しました。」
2「怒りました。」
3「興奮しました。」
4「寂しく思いました。」
(34) 質問は「ジョンは誰の分を支払いましたか？」という意味。
1「ジョンとサラの分。」
2「ジョンの分のみ。」
3「サラの分のみ。」
4「誰の分も支払っていない。」
(35) 質問は「なぜサラはテニスコートでジョンに感謝したのですか？」という意味。
1「ジョンはサラをテニスコートに連れて行きました。」
2「ジョンは彼女の技術上達を手助けしました。」
3「ジョンはサラの昼食を支払いました。」
4「ジョンはサラの親友でした。」

（英文の意味）

「親友」
　ジョンとサラは親友です。彼らは毎週土曜日の昼食後一緒にテニスを練習します。彼らは大抵２時に練習を始めて６時に終えます。サラはジョンとの練習を楽しんでいます。
　まず，サラとジョンはレストランに行き，昼食にパスタを食べました。ジョンはサラに「僕の一番好きな食べ物はパスタなんだ。」と話しました。サラはとてもワクワクしている様子でした。サラは言いました。「私の一番好きな食べ物もパスタよ！」彼らは１時間後に昼食を終えました。ジョンは自分の昼食とサラの昼食分を支払いました。
　昼食後，ジョンとサラはテニスコートに行きました。

彼らは4時間練習しました。ジョンはサラの技術が上達するよう手伝いました。練習の終わりには，サラはジョンに彼女を手助けしてくれたことに礼を言いました。彼女はテニスが上手になりたいので，来週の練習が楽しみです。

Listening Test

第1部

(*No. 1*) **1** (*No. 2*) **2** (*No. 3*) **3**
(*No. 4*) **2** (*No. 5*) **1** (*No. 6*) **3**
(*No. 7*) **1** (*No. 8*) **2** (*No. 9*) **3**
(*No. 10*) **1**

解説

流れる音声と質問の意味は以下の通り。

No. 1

A：Will you come to the school festival, Mom?

「お母さん，学園祭に来てくれる？」

B：Yes, I will.

「ええ，行くよ。」

A：I' ll play the piano there.

「そこでピアノを弾くんだ。」

1 Good luck to you.「頑張ってね。」，**2** I enjoyed it.「楽しかったよ。」，**3** I can' t go there.「行けないよ。」

No. 2

A：What' s wrong, Lucas?

「どうしたの，ルーカス？」

B：I' m looking for my glasses.

「メガネを探してるんだ。」

A：I found them here.

「ここにあるよ。」

1 This is not hers.「これは彼女のものではない。」

2 Thanks, Cindy.「ありがとう，シンディ。」

3 His is blue.「彼のは青色だ。」

No. 3

A：It' s rainy today.

「今日は雨が降っているね。」

B：I wanted to go hiking with you.

「あなたとハイキングに行きたかったんだけど。」

A：How about this weekend?

「今週末はどう？」

1 It' ll be sunny tomorrow.「明日は晴れるよ。」

2 Yes, you can use it.「はい，使えますよ。」

3 That sounds good.「それはよさそうだね。」

No. 4

A：I' m going to the library.

「図書館に行くんだ。」

B：Can you borrow some books for your brother?

「お兄さんのために何冊か本を借りてきてくれない？」

A：Sure. How many?

「もちろん。何冊？」

1 Four tomatoes, please.「トマトを４個ください。」，**2** Two or three.「２冊か３冊です。」，**3** It takes five minutes.「５分かかります。」

No. 5

A：This song is nice.

「この曲はいいね。」

B：I like it, too.

「私も好きです。」

A：I want to listen to more of his songs.

「もっと彼の歌を聴いてみたいな。」

1 You can try online.「ネットで試聴できるよ。」

2 Take some more.「もう少し飲んでみて。」

3 Can I keep it?「持っていてもいい？」

No. 6

A：Where are you, Sophia?

「ソフィア，どこにいるの？」

B：I'm between a post office and a hospital.

「郵便局と病院の途中です。」

A：I'm coming there.

「今，そっちに行くから。」

1 No, I don't like it.「いいえ，好きではありません。」，**2** Yes, I lost it.「はい，なくしました。」，**3** I'll be waiting for you.「お待ちしております。」

No. 7

A：I'd like two tickets, please.

「チケットを２枚ください。」

B：They're 30 dollars.

「30ドルです。」

A：Here you are.

「どうぞ。」

1 Enjoy the movie.「映画を楽しんでね。」

2 There's a long line.「長蛇の列ができている。」

3 Get them online.「ネットで買おう。」

No. 8

A：This is David.

「こちらはデビッドさんです。」

B：Nice to meet you, David.

「はじめまして，デビッドさん。」

A：He is good at soccer.

「彼はサッカーが得意なんだ。」

1 This way please.「こちらへどうぞ。」，**2** I like playing soccer, too.「私もサッカーが好きです。」，**3** It looks delicious.「おいしそうですね。」

No. 9

A：Open the textbook to page 12.

「教科書の12ページを開いてください。」

B：I forgot my textbook, Mr. White.

「ホワイト先生，教科書を忘れました。」

A：You can use mine.

「私のを使っていいですよ。」

1 No, mine is blue.「いいえ，私のは青色です。」

2 Can I borrow it?「貸してもらえますか？」

3 Thank you.「ありがとうございます。」

No. 10

A：Mike is popular in class.

「マイクはクラスで人気があるね。」

B：Yes. He has a good smile.

「そうです。彼は笑顔がいいんだ。」

A：And he is kind.

「それに，彼は親切だよ。」

1 You're also kind.「あなたも親切ですね。」

2 No, she is tall.「いいえ，彼女は背が高いです。」

3 Yes, he looks cold.「そう，彼は寒そうだ。」

第2部

(*No. 11*) **2** (*No. 12*) **3** (*No. 13*) **2**
(*No. 14*) **3** (*No. 15*) **2** (*No. 16*) **4**
(*No. 17*) **3** (*No. 18*) **3** (*No. 19*) **3**
(*No. 20*) **4**

解説
流れる音声と質問の意味は以下の通り。

No. 11

A：What are you looking for, Fiona?
「何を探しているの，フィオナ？」
B：My pen. I put it on my desk.
「私のペン。机の上に置いてあったんだけど。」
A：Sorry, I borrowed it. Here you are.
「ごめん，借りてたんだ。ほら，どうぞ。」
B：Oh, that's okay, Fred.
「ああ，いいんだよ，フレッド。」
Question：Who borrowed the pen?
「質問：誰がペンを借りたか？」

1 Fiona.「フィオナ。」, **2** Fred.「フレッド。」, **3** Their teacher.「彼らの先生。」, **4** Fiona's Dad.「フィオナのお父さん」

No. 12

A：How was the science test, John? It was hard for me.
「理科のテストはどうだった，ジョン？僕には難しかったよ。」
B：Right, it was not easy.
「そうだね，簡単じゃなかったね。」
A：Wasn't it difficult for you?
「難しくなかった？」
B：Yeah, I'll try my best next time.
「うん，次回はがんばるよ。」
Question：What are they talking about?
「質問：彼らは何について話しているか？」

1 A baseball game.「野球の試合。」, **2** An English speech.「英語のスピーチ。」, **3** A science test.「理科のテスト。」, **4** A PE test.「体育のテスト。」

No. 13

A：Where are you going, Emma?
「どこに行くの，エマ？」
B：I'm not going out today, Aden.
「今日は出かけないわ，エーデン。」
A：I'm going to a shopping mall with Mom.
「私はお母さんとショッピングモールに行くんだ。」
B：OK. See you later.
「そう。じゃあまたね。」
Question：Who is staying home today?
「質問：今日は誰が家にいるか？」

1 Aden.「エーデン。」, **2** Emma.「エマ。」, **3** Their Mom.「彼女らのお母さん。」, **4** Their Dad.「彼女らのお父さん。」

No. 14

A：I'm excited. What time is it now, Sophia?
「わくわくしてきたよ。今何時ですか，ソフィア？」
B：It's only 4:00 p.m. The party will start in two hours.
「まだ午後４時だよ。パーティーは２時間後に始まるよ。」
A：Should we bring anything?
「何か持っていったほうがいいかな？」
B：I baked cookies.
「クッキーを焼いたよ。」
Question：What time will the party start?
「質問：パーティーは何時から始まるのか？」

1 4:00 p.m.「午後4:00。」, **2** 5:00 p.m.「午後5:00。」, **3** 6:00 p.m.「午後6:00。」, **4** 7:00 p.m.「午後7:00。」

No. 15

A：I'm sleepy. I'm not hungry now, Mom.
「眠いんだ。今お腹は空いていないの，お母さん。」
B：You played a video game until late last night.
「ゆうべは遅くまでテレビゲームをしていたのね。」
A：I won't do that again, sorry.
「もうやらないよ，ごめん。」
B：That's okay, Max.
「いいわよ，マックス。」
Question：Why is Max sleepy?
「質問：どうしてマックスは眠いのか？」

1 Because he did his homework.「宿題をしたから。」
2 Because he played a video game.「テレビゲームをしたから。」
3 Because he didn't sleep well.「よく眠れなかったから。」
4 Because he ate a big dinner.「たくさん夕食を食べたから。」

No. 16

A：You're lucky because your house is near the school, Adam.
「アダム，あなたの家は学校の近くだからいいよね。」
B：How about you, Nina?
「ニーナはどうなの？」

A：I have to take a train for 40 minutes.
「私は電車で40分かかるわ。」
B：That's far!
「それは遠いね！」
Question：How long does it take for Nina to get to school?
「質問：ニーナは学校まで何分かかるか？」
1　5 minutes.「5分。」, **2**　15 minutes.「15分。」, **3**　30 minutes.「30分。」, **4**　40 minutes.「40分。」

No. 17

A：I have three pieces of cake.
「ケーキが３個あるよ。」
B：Can you give me a piece?
「私にも１個くれない？」
A：Sure. I'll give two pieces, one for you and one for your sister.
「もちろん。２個あげるから，１個はあなたの分，１個はお姉さんの分ね。」
B：Thank you, Ben.
「ありがとう，ベン。」
Question：How many pieces of cake did Ben give her?
「質問：ベンは彼女に何個ケーキをあげたか？」
1　He didn't give her anything.「彼は彼女に何もあげなかった。」, **2**　One piece.「１個。」, **3**　Two pieces.「２個。」, **4**　Three pieces.「３個。」

No. 18

A：Did you do your homework, Olivia?
「オリビア，宿題はやった？」
B：Not yet. I'll do it after dinner.
「まだだよ。夕食の後にやるよ。」
A：I'll do it before I take a bath.
「私はお風呂に入る前にやるわ。」
B：Okay, let's play soccer now.
「じゃあ，今サッカーしようよ。」
Question：When will Olivia do her homework?
「質問：オリビアはいつ宿題をするか？」
1　After she takes a bath.「お風呂に入った後。」
2　Before she plays soccer.「サッカーをする前。」
3　After she has dinner.「夕食を食べた後。」
4　Before she has dinner.「夕食を食べる前。」

No. 19

A：Excuse me. I want to go to the library. Which bus should I take?
「すみません。図書館に行きたいのですが。どのバスに乗ればいいですか？」
B：You can walk there. It takes five minutes.
「歩いて行けますよ。５分で着きますよ。」
A：Oh, that helps.
「ああ，それは助かります。」
B：It is between a police station and a high school.
「警察署と高校の間です。」
Question：How will the woman go to the library?
「質問：この女性はどうやって図書館に行くか？」
1　She will take the bus.「彼女はバスに乗る。」
2　She will take the train.「彼女は電車に乗る。」
3　She will go there on foot.「彼女は歩いて行く。」
4　She will borrow a bicycle.「彼女は自転車を借りる。」

No. 20

A：What's wrong, Meg? You look sad.
「どうしたの，メグ？悲しそうだね。」
B：Do I? I'm fine.
「そうかな？私は元気だよ。」
A：How about your brother Ken?
「お兄ちゃんのケンはどう？」
B：He's a little tired. He played baseball this morning.
「ちょっと疲れているみたい。彼は今朝野球をしてたわ。」
Question：How is Meg?
「質問：メグはどうですか？」
1　She is sad.「彼女は悲しいです。」, **2**　She is tired.「彼女は疲れています。」, **3**　She is sleepy.「彼女は眠いです。」, **4**　She is good.「彼女は元気です。」

第3部

(*No. 21*) **2**	(*No. 22*) **2**	(*No. 23*) **1**
(*No. 24*) **3**	(*No. 25*) **4**	(*No. 26*) **2**
(*No. 27*) **2**	(*No. 28*) **1**	(*No. 29*) **2**
(*No. 30*) **4**		

解説
流れる音声と質問の意味は以下の通り。

No. 21

A：Attention guests. You can get a free ticket for breakfast at the front desk when you check in. The bar is on 28th floor. Enjoy your stay.

「ご宿泊のお客様にお知らせです。チェックイン時にフロントで朝食無料券をお渡しします。28階にはバーがございます。ごゆっくりお過ごしください。」

Question：What kind of place is this?

「質問：ここはどこですか？」

1 A restaurant.「レストラン。」, **2** A hotel.「ホテル。」, **3** An amusement park.「遊園地。」, **4** A game center.「ゲームセンター。」

No. 22

A：Emily had five hats until yesterday. Then she gave her mother and sister each one, and she lost one today. But her uncle bought one for her, so she is happy.

「エミリーは昨日まで５つの帽子を持っていました。その後，お母さんとお姉さんに１つずつあげて，今日１つ失くしました。でも，おじさんが１つ買ってくれたので，エミリーは喜んでいます。」

Question：How many hats does Emily have?

「質問：エミリーは帽子をいくつ持っているか？」

1 Two.「２つ。」, **2** Three.「３つ。」, **3** Four.「４つ。」, **4** Five.「５つ。」

No. 23

A：George likes watching movies. He usually watches three or four different movies a week. But this week, he watched one movie many times because it was interesting.

「ジョージは映画を見るのが好きだ。いつもは１週間に3，４本の映画を見る。しかし，今週は１本の映画が面白かったので，何度も見ていた。」

Question：Why did George watch only one movie this week?

「質問：なぜジョージは今週１本しか映画を見なかったのか？」

1 Because that movie was interesting.「その映画がおもしろかったから。」

2 Because he was tired.「疲れていたから。」

3 Because three movies are too many.「映画３本は多すぎるから。」

4 Because he didn' t have time.「時間がなかったから。」

No. 24

A：Listen to me, everyone! We' re going to go to the science museum tomorrow. Bring lunch and a notebook. Please think of some questions about science by then.

「みんな，私の話を聞いて！明日は科学館に行く予定です。昼食とノートを持って来てね。それまでに科学に関する質問を考えておいてくださいね。」

Question：What should students do by tomorrow?

「質問：学生は明日までに何をすればよいか？」

1 Bring their textbooks.「教科書を持ってくる。」

2 Study science.「科学の勉強をする。」

3 Think of some questions.「質問を考える。」

4 Write sentences in their notebooks.「ノートに文章を書く。」

No. 25

A：My father likes coffee, but I don't like it. I hope I' ll be able to drink it sometime. My mother likes tea, and I like it too. I drink a cup of strawberry tea with sugar every day.

「父はコーヒーが好きだが，私は好きではない。いつか飲めるようになりたい。母は紅茶が好きで，私も好きだ。私は毎日，砂糖入りのストロベリーティーを飲んでいる。」

Question：What does the girl like?

「質問：その女の子は何が好きか？」

1 Coffee.「コーヒー。」, **2** Strawberries.「いちご。」, **3** Milk.「ミルク。」, **4** Tea.「紅茶。」

No. 26

A：Kelly is good at history and Japanese. Bob is good at science. I' m not good at those subjects, so they always help me with my homework. But I' m good at math.

「ケリーは歴史と国語が得意だ。ボブは理科が得意だ。私はそれらの科目が苦手なので，いつも宿題を手伝ってもらっている。でも，数学は得意だ。」

Question：Who is good at science?

「質問：理科が得意なのは誰か？」

1 Kelly.「ケリー。」，**2** Bob.「ボブ。」，**3** The boy.「その男の子。」，**4** A Japanese girl.「日本人の女の子。」

No. 27

A：My dog John is smart. I throw a ball and he brings it to me. He also can paint a picture with me. We are often together after school.

「私の犬のジョンは賢い。私がボールを投げると，持ってきてくれる。また，私と一緒に絵を描くこともできる。私たちは放課後よく一緒にいる。」

Question：What can John do with his dog?

「質問：ジョンは彼の犬と何ができるか？」

1 Throw a ball.「ボールを投げる。」，**2** Paint a picture.「絵を描く。」，**3** Bring a newspaper.「新聞を持ってくる。」，**4** Go to school.「学校へ行く。」

No. 28

A：I play badminton at the gym almost every day, but I'm not good at it. I play basketball once a month in the park, but I think I'm good at that.

「私はほとんど毎日体育館でバドミントンをしているが，上手ではない。私は月に一度，公園でバスケットボールをするが，それは得意だと思う。」

Question：Where does the girl play badminton?

「質問：その女の子はどこでバドミントンをしているか？」

1 The gym.「体育館。」，**2** A park.「公園。」，
3 School.「学校。」，**4** Her house.「彼女の家。」

No. 29

A：Amanda often spends time under the bridge near her house after school. She likes watching the river. Her brother sometimes goes there with her.

「アマンダは放課後，よく家の近くの橋の下で時間を過ごす。彼女は川を見るのが好きだ。お兄さんもときどき一緒に行くことがある。」

Question：What does she like doing after school?

「質問：アマンダは放課後何をするのが好きか？」

1 Swimming in the river.「川で泳ぐこと。」
2 Watching the river.「川を見ること。」
3 Spending time at her house.「家で過ごすこと。」
4 Talking with her brother.「お兄さんと話すこと。」

No. 30

A：Bill wants to be a nurse because his mother is a nurse. But his mother wants to change her job. She wants to be a farmer.

「ビルは母親が看護師なので，看護師になりたいと思っている。しかし，彼の母親は仕事を変えたいと思っている。彼女は農夫になりたがっている。」

Question：What does Bill's mother want to be?

「質問：ビルのお母さんは何になりたいか？」

1 A nurse.「看護師。」，**2** A doctor.「医者。」，
3 An actress.「女優。」，**4** A farmer.「農夫。」

よく出る順で

ホントにわかる直前チェックBOOK

ふろくの赤シートを使って覚えよう！

重要名詞 

学校

No.	単語	意味
1	□ lesson	（…の）学課，授業
2	□ class	クラス，授業
3	□ classroom	教室
4	□ club	クラブ，部
5	□ team	（競技などの）チーム
6	□ seat	席
7	□ uniform	制服，ユニフォーム
8	□ subject	教科，科目
9	□ history	歴史
10	□ textbook	教科書
11	□ gym	体育館，ジム
12	□ high school	高等学校

中学校はjunior high school

No.	単語	意味
13	□ e-mail	電子メール
14	□ event	イベント，催し事
15	□ question	質問
16	□ answer	答え 動 答える
17	□ dictionary	辞書，辞典
18	□ homework	宿題，下準備
19	□ report	報告（書），レポート
20	□ speech	スピーチ
21	□ practice	練習，訓練 動 練習する
22	□ test	テスト，試験
23	□ job	仕事
24	□ office	オフィス，仕事場

人

No.	単語	意味
25	□ parent	親
26	□ grandparent	祖父，祖母
27	□ child	子ども，児童

me

❶ □ parents　両親

❷ □ grandparents　祖父母

❸ □ uncle　おじ

❹ □ aunt　おば

❺ □ cousin　いとこ

28	□ people person は単数形	人々
29	□ everyone ≒ everybody	みんな
30	□ husband	夫
31	□ wife	妻
32	□ member	（集団の）メンバー
33	□ volunteer	ボランティア
34	□ writer	作家
35	□ singer	歌手

生活

36	□ bedroom	寝室
37	□ kitchen	キッチン
38	□ garden	庭
39	□ shower	シャワー
40	□ dish	（大）皿，盛り皿
41	□ newspaper	新聞
42	□ money	お金
43	□ sale	販売，セール 動 売る
44	□ shopping	買い物
45	□ festival	祭り
46	□ party	パーティー，集まり
47	□ picnic	ピクニック
48	□ contest	競技会，コンテスト
49	□ concert	音楽会，演奏会
50	□ game	試合，遊び
51	□ movie ≒ video 動画は video で表す	映画
52	□ hobby	趣味，道楽
53	□ information 複数形にできない	情報
54	□ ticket	切符，券
55	□ trip 海外旅行など長距離移動を伴う旅行はtravel で表す	旅行，旅

場所・建築物

56	□ world	世界
57	□ country	国
58	□ Canada	カナダ

59 □ **Japan**	日本
60 □ **map**	地図
61 □ **wall**	壁
62 □ **window**	窓
63 □ **street** ≒ **road** 道路には road が使われる	道，（人通りの多い）通り
64 □ **way**	道，道筋
65 □ **town** city より小さく，village より大きいところを表す	町，街
66 □ **place**	場所，所
67 □ **store** ≒ **shop** store は色々な商品を売り，shop は特定の商品を売る	店，商店
68 □ **park**	公園
69 □ **station**	駅，停車場
70 □ **airport**	空港
71 □ **hotel**	ホテル
72 □ **farm**	農場
73 □ **restaurant**	レストラン，料理店
74 □ **cafeteria**	カフェテリア
75 □ **hospital**	病院
76 □ **library**	図書館，図書室
77 □ **bookstore**	本屋，書店
78 □ **supermarket**	スーパーマーケット
79 □ **museum**	博物館，美術館
80 □ **zoo**	動物園

自然

81 □ **season**	季節
82 □ **weather**	天気，天候
83 □ **sky**	空
84 □ **cloud**	雲
形 **cloudy**	曇り
85 □ **star**	星

86	mountain	山

山の名前はMount(Mt.) と表す　例：Mt. Fuji

87	river	（大きな）川
88	rock	岩

とき

89	minute	（時間の単位の）分，1分
90	hour	時間
91	tonight	今夜
92	yesterday	昨日
93	tomorrow	明日
94	date	日付
95	weekend	週末
96	month	月
97	year	年
98	holiday	休日
99	vacation	休暇
100	present	現在
101	future	未来
102	end	終わり

モノ・生き物・食べ物

103	picture	写真，絵
104	poster	ポスター
105	magazine	雑誌
106	letter	手紙
107	bike	自転車
108	paper	紙
109	shoe	靴（片足）
110	umbrella	傘，雨傘
111	computer	コンピュータ
112	phone	電話
113	radio	ラジオ
114	plane	飛行機
115	train	列車，電車
116	horse	馬
117	flower	花，草花
118	food	食物
119	drink	飲み物
120	vegetable	野菜
121	salad	サラダ
122	tomato	トマト
123	doughnut	ドーナツ
124	snack	スナック菓子

重要動詞

動作（瞬間的）

125	visit	訪問する， 訪ねる
126	learn	学ぶ
127	open	開ける
128	start	始める
129	stop	止まる
130	arrive	着く
131	finish	～を終える
132	join	参加する
133	move	動く， 引っ越す
134	borrow ⇔ lend	借りる 貸す

動作（継続的）

135	ask	尋ねる，問う
136	study	…を勉強する
137	check	確認する
138	clean	掃除する
139	climb	登る
140	close	閉じる
141	listen	聞く
142	look	見る， 目を向ける
143	play	プレーする， （楽器を）弾く
144	rain	雨が降る
145	ride	乗る
146	stay	とどまる， 滞在する
147	talk	話す， しゃべる
148	travel	旅する 名 旅
149	try	試す
150	wait	待つ
151	walk	歩く
152	paint ≒ draw	（絵具で絵を）描く （鉛筆やペンで）線を描く
153	watch	見る， 注意して見る
154	work	働く
155	worry	心配する
156	show	見せる

157 □ **wash**	洗う
158 □ **snow**	雪が降る 名 雪

状態

159 □ **call**	呼ぶ, 電話する
160 □ **enjoy**	楽しむ
161 □ **excite**	ワクワクさせる
162 □ **excuse**	許す
163 □ **hope**	望む
164 □ **like**	好きである
165 □ **love**	愛する
166 □ **need**	…を必要とする
167 □ **thank**	感謝する
168 □ **want**	欲しい，望む

動詞の活用（不規則変化動詞）

169 □ **go** □ **went**	行く，進む
170 □ **buy** □ **bought**	…を買う, 購入する
171 □ **think** □ **thought**	考える
172 □ **catch** □ **caught**	捕まえる
173 □ **teach** □ **taught**	教える
174 □ **bring** □ **brought**	持ってくる ［いく］
175 □ **come** □ **came**	来る, （話し手の所へ） 行く
176 □ **become** □ **became**	なる
177 □ **give** □ **gave**	与える，あげる
178 □ **eat** □ **ate**	食べる
179 □ **have** □ **had**	食べる, 持っている, 飼う
180 □ **say** □ **said**	…を言う
181 □ **hear** □ **heard**	聞こえる

182	□ sing	歌う
	□ sang	
183	□ sit	座る
	□ sat	
184	□ run	走る
	□ ran	
185	□ begin	始まる
	□ began	
186	□ swim	泳ぐ
	□ swam	
187	□ fall	落ちる
	□ fell	
188	□ know	知る
	□ knew	
189	□ draw	描く
	□ drew	
190	□ sleep	眠る
	□ slept	
191	□ leave	去る
	□ left	
192	□ feel	感じる
	□ felt	
193	□ meet	〈人に〉会う
	□ met	
194	□ lose	失う
	□ lost	
195	□ get	…を得る,手に入れる
	□ got	
196	□ forget	忘れる
	□ forgot	
197	□ take	…を(手に)取る,…をする
	□ took	
198	□ stand	立つ
	□ stood	
199	□ understand	理解する
	□ understood	
200	□ tell	伝える
	□ told	
201	□ see	…が見える
	□ saw	
202	□ speak	話す
	□ spoke	
203	□ wake	目が覚める
	□ woke	
204	□ write	〈文字などを〉書く
	□ wrote	

重要形容詞・副詞

状態・性質

205 □ **English**	英語の
206 □ **Japanese**	日本の，日本人の
207 □ **Spanish**	スペインの
208 □ **free**	自由な
209 □ **busy**	忙しい
210 □ **late**	遅れた，遅刻した
211 □ **special**	特別な，特殊な
212 □ **ready**	準備ができて(いる)
213 □ **different**	違った，異なる
214 □ **difficult**	難しい，困難な
215 □ **own**	～自身の
216 □ **sick**	病気の
217 □ **hungry**	お腹が減った
218 □ **full**	満腹な
219 □ **old**	古い
⇔ **new**	新しい
220 □ **right**	正しい

気持ち

221 □ **good**	よい，すぐれた
222 □ **great**	偉大な，すぐれた
223 □ **sure**	もちろん，確かに
224 □ **happy**	幸せな，うれしい
225 □ **sad**	悲しい
226 □ **fine**	元気な
227 □ **tired**	疲れた
228 □ **sorry**	残念な
229 □ **favorite**	いちばん好きな，お気に入りの
230 □ **interesting**	興味深い
231 □ **beautiful**	美しい，きれいな
232 □ **delicious**	とても美味しい

❷ □ **Australian**
オーストラリアの

❶ □ **Japanese**
日本の，日本語

❸ □ **Brazilian**
ブラジルの

❹ □ **Chinese**
中国の，中国語

❺ □ **Korean**
韓国の，韓国語

とき・場所

233	now	今, 現在（は）
234	a.m.	午前
235	p.m.	午後
236	o'clock	（ちょうど）…時
237	soon	すぐに
238	ago	～前に
239	early	早く
240	just	ちょうど
241	then	その時
242	here	ここに［で, へ］
243	back	後ろへ［に］
244	down	下へ
245	away	離れて

数・順番・頻度・程度

246	some	いくつかの
247	any	いくらかの, なんらかの
248	many	たくさんの, 多くの
249	more	（数が）もっとたくさんの
250	much	（量が）多くの, 副とても
251	every	どの…もみな, あらゆる
252	each	それぞれの, 各自の
253	first	第1の, 1番目の
254	last	最後の, 最終の
255	next	（時間が）次の, 今度の
256	often	よく, しばしば
257	always	常に
258	sometimes	時々
259	again	再び
260	so	そんなに, それほど, 非常に
261	really	本当に, 実際に
262	all	全く, すっかり

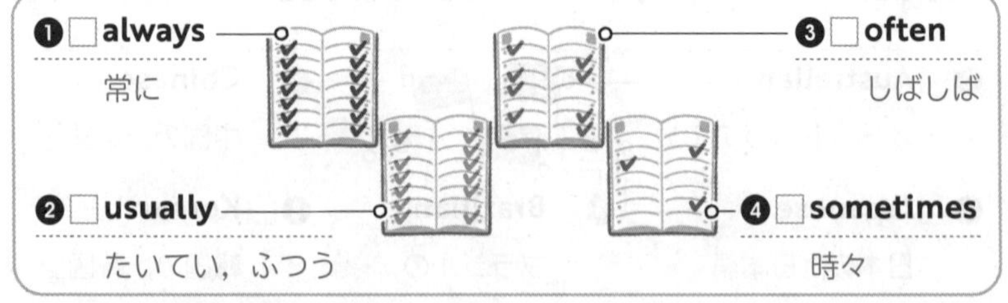

重要熟語

1 □ **want to *do*** ～したい	**I want to go to the beach.** 私はビーチに行きたいです。
2 □ **~, so (that) ...** ～だ，その結果…だ	**It's rainy, so that we cannot go on a picnic today.** 今日は雨なので，私たちはピクニックに行けません。
3 □ **there is [are] ~** ～がある，～がいる	**There are tall buildings in Tokyo.** 東京には高い建物があります。
4 □ **be going to *do*** ～するつもりだ， ～するだろう	**I'm going to visit an art museum this weekend.** 私は今週末に美術館を訪れるつもりです。
5 □ **have to *do*** ～しなければならない	**I have to do my homework by tomorrow.** 私は明日までに宿題をしなければなりません。
6 □ **a lot of ~** たくさんの～	**Your brother has a lot of books.** あなたのお兄さんはたくさんの本を持っています。
7 □ **like to *do*** ～するのが好きだ	**She likes to play the piano.** 彼女はピアノを弾くことが好きです。
8 □ **come to ~** ～に来る，～に達する	**He came to the hospital.** 彼は病院に来ました。

9 □ **in the morning** 午前中に	**In the morning, I always drink a cup of coffee.** 午前中に，私はいつも一杯のコーヒーを飲みます。
10 □ **~ year(s) old** ～歳	**She became five years old.** 彼女は５歳になりました。
11 □ **look at ~** ～を見る	**Look at that tall man.** あの背の高い男の人を見て。
12 □ **a kind of ~** ～のような	**He works as a kind of tutor.** 彼は家庭教師のようなものとして働いています。
13 □ **at home** 在宅して，家庭で	**Mr. Johnson works at home as a designer.** ジョンソンさんはデザイナーとして在宅で働いています。
14 □ **get to ~** ～に到着する	**Could you tell me how to get to Osaka Station?** 大阪駅への行き方（どのようにして到着すればよいか）を私に教えてくださいませんか。
15 □ **after school** 放課後	**He practices judo after school.** 彼は放課後に柔道を練習します。
16 □ **like *doing*** ～することが好きである	**She likes playing the guitar.** 彼女はギターを弾くことが好きです。
17 □ **stay in [at] ~** ～に滞在する	**We're going to stay in a famous hotel in Hokkaido.** 私たちは北海道で有名なホテルに宿泊するつもりです。

18 □ **go home** 家に帰る	**He calls his father before he goes home.** 彼は家に帰る前に父に電話します。
19 □ **look for ~** ～を探す	**I'm looking for my favorite book in my room now.** 私は今部屋でお気に入りの本を探しています。
20 □ **need to *do*** ～する必要がある	**You need to wash your hands before you eat.** 食事を取る前に，あなたは手を洗う必要があります。
21 □ **go shopping** 買い物に行く	**Do you want to go shopping with me?** 買い物に行きませんか。
22 □ **thank A for ~** Aに～を感謝する [thank you (for ~)]	**Thank you for the birthday present.** 誕生日プレゼントをありがとう。
23 □ **come back (to ~)** (～に) 戻る	**She will eat miso soup when she comes back to Japan.** 彼女が日本に帰国したら，みそ汁を飲むでしょう。
24 □ **enjoy *doing*** ～することを楽しむ	**I enjoyed playing a video game last weekend.** 先週末はテレビゲームをして楽しみました。
25 □ **get home** 帰宅する	**I usually get home at 6 p.m.** 私はたいてい午後6時に帰宅します。
26 □ **get up** 起きる，起床する	**I usually get up at 6 a.m.** 私はたいてい朝6時に起きます。

27 □ **listen to ~** ～を聞く, ～に耳を傾ける	**It's important to listen to children.** 子どもたち（が言うこと）に耳を傾けることは大切です。
28 □ **on TV** テレビで［に］	**My favorite actor was on TV yesterday.** 私の大好きな俳優が昨日テレビに出ていました。
29 □ **talk to ~** ～と話をする, ～に話しかける	**I talked to her because she didn't look fine.** 彼女が元気なさそうに見えたので，僕は彼女に話しかけました。
30 □ **be good at ~** ～が上手だ	**She is good at dancing.** 彼女は踊ることが得意です。
31 □ **come home** 家に帰る	**My brother comes home at 7 p.m. on Fridays.** 私の兄［弟］は，毎週金曜は午後7時に家に帰ります。
32 □ **have lunch** 昼食を取る	**Let's have lunch at this restaurant.** このレストランで昼食をとりましょう。
33 □ **start doing [to do]** ～し始める	**Sarah started studying in the morning and kept on studying until night.** サラは朝に勉強を始めて，夜までし続けました。
34 □ **a little** 少し	**Please add a little more sugar.** 砂糖をもう少し多く入れてください。
35 □ **help A with B** AのBを手伝う	**I can help you with your homework.** 私はあなたの宿題を手伝えますよ。

重要会話表現 

1 □ **Let's ~.** ～しましょう。	**A: Let's play tennis tomorrow afternoon.** 明日の午後テニスをしましょう。 **B: Sounds good.** いいですね。
2 □ **Shall we ~?** ～しませんか。	**A: Shall we play the guitar?** ギターを弾きませんか。 **B: Yes, let's.** はい，そうしましょう。
3 □ **How about ~?** ～するのはどうですか。	**A: How about going shopping?** 買い物に行くのはどうですか。 **B: All right.** いいですよ。
4 □ **Can I~?** ～してもいいですか。	**A: Can I borrow your dictionary?** あなたの辞書を借りてもいいですか。 **B: Sure.** いいですよ。
5 □ **May I~?** ～してもよろしいでしょうか。	**A: May I come in?** 入ってもよろしいでしょうか。 **B: Of course.** もちろんです。
6 □ **Will you ~?** ～してくれませんか。	**A: Will you wash these dishes?** これらの皿を洗ってもらえますか。 **B: OK.** いいですよ。
7 □ **What can I do for you?** 何をすればいいですか。	**A: What can I do for you?** 私は何をすればいいですか。 **B: Can you wash dishes?** お皿を洗ってくれますか。
8 □ **Which ~ go(es) to …?** どの～が…へ行きますか。	**A: Which bus goes to the city library?** どのバスが市立図書館へ行きますか。 **B: No. 5 does.** 5番（のバス）です。

9 □ **How ~?** ～はどうですか。 ／どう～しますか。	**A: How was your exam?** テストはどうでしたか。 **B: It was not bad.** 悪くなかったです。
10 □ **How long ~?** どのくらいの間～ ですか。	**A: How long did you stay in Canada?** カナダにはどのくらい滞在しましたか。 **B: For two weeks.** ２週間です。
11 □ **How many ~?** どのくらい～ですか。 （数をたずねる）	**A: How many bags do you have?** カバンをいくつ持っていますか。 **B: I have three.** 3つ持っています。
12 □ **How much ~?** どのくらい～ですか。 （量や値段をたずねる）	**A: How much is this book?** この本はいくらですか。 **B : It's 1200 yen.** 1200円です。
13 □ **What do you think ~?** あなたは～をどう思います か。（考えをたずねる）	**A: What did you think of this book?** あなたはこの本をどう思いましたか。 **B: It was good.** よかったです。
14 □ **How *do* you feel ~?** あなたは～をどう感じます か。（気持ちをたずねる）	**A: How do you feel today?** 今日の気分はどうですか。 **B: I'm not feeling very well.** あまり良くありません。
15 □ **How do you like~?** ～はどうですか。	**A: How do you like taking a break?** 休憩をとるのはどうですか。 **B: Thank you. I'll do so.** ありがとうございます。そうします。